W0266034

Anthologie de la prière contemporaine

Du même auteur

Essais

L'année poétique 2008, avec Patrice Delbourg et Florence Trocmé, préface de Bruno Doucey, Seghers, coll. « Anthologie », 2008.

L'année poétique 2007, avec Patrice Delbourg, préface de Bruno Doucey, Seghers, coll. « Anthologie », 2007.

Les secrets de la prophétie de saint Malachie (édition revue et augmentée), Dervy, coll. « Controverses », 2005.

L'année poétique 2005, avec Patrice Delbourg, préface de Bruno Doucey, Seghers, coll. « Anthologie », 2005.

Jean Grosjean, Seghers, coll. « Poètes d'aujourd'hui », 2005.

Jung est l'avenir de la franc-maçonnerie, Dervy, 2004.

L'égrégore : l'énergie psychique collective, Dervy, coll. « Paroles retrouvées », 2003.

L'appel du désert : Charles de Foucauld, Antoine de Saint-Exupéry, Presses de la Renaissance, 2002.

René Guénon : le philosophe invisible, Presses de la Renaissance, 2001.

Le secret des apparitions et des prophéties mariales, Éd. de Fallois, 2000.

Anthologie de la poésie mystique contemporaine, Presses de la Renaissance, 1999.

Roman

Un pèlerin d'Éros, Éditions du Rocher, 2008.

Poésie

Œuvre poétique complète (en préparation).

Jean-Luc MAXENCE

Anthologie de la prière contemporaine

PRESSES DE LA RENAISSANCE

Ouvrage réalisé
sous la direction éditoriale d'Alain NOËL

Si vous souhaitez être tenu(e)
au courant de nos publications,
envoyez vos nom et adresse, en citant ce livre,
aux Éditions des Presses de la Renaissance,
11, rue de Grenelle, 75007 Paris.
Et, pour le Canada,
à Interforum Canada inc.,
1055, bd René-Lévesque Est,
11e étage, bureau 1100,
H2L 4S5 Montréal, Québec.

Consultez notre site Internet :
www.presses-renaissance.com

ISBN 978.2.7509.0260.5

Aux auteurs de ces prières, qu'ils soient connus ou inconnus, qu'ils aient signé ou qu'ils aient souhaité garder l'anonymat.
Aux orants qui ont tous bien voulu nous donner le droit de reproduire leur texte.
Avec ma vive reconnaissance.

La prière face à la vie

Cette anthologie n'est pas un cimetière savant, ou un docte monument aux saints qui savent tous mieux méditer que nous et dont nous connaissons les prières souvent par cœur. Nous n'avons pas voulu ajouter un ouvrage pieux de plus... à la montagne que forment aujourd'hui tous ceux qui existent et s'adressent souvent à des croyants en quelque sorte convaincus d'avance.

C'est sur une autre idée que nous sommes parti à la découverte des nouveaux dialogues que les hommes de ce début de siècle inquiet tentent d'engager avec le Créateur du ciel et de la terre. Certes, en tant que simple catholique éprouvant l'impérieux besoin de prier comme on place un pied devant l'autre pour pouvoir marcher et se maintenir debout, nous n'avons pas hésité à demander autour de nous, et alentour, des textes prouvant *in situ* l'importance de la prière dans notre société. Comme l'écrivit Martine François-Cortinovis, l'une des amies sollicitées : « Mon Dieu, on m'a demandé de parler avec TOI... »

Il n'est point ici question de copyright ou de littérature plus ou moins haute ou accomplie ! Ne sont revendiquées que la franchise et la spontanéité des élans spirituels captés dans la vie non pour une quelconque exemplarité mais plutôt pour témoigner de la présence toujours si vive du besoin de transcendance et/ou d'immanence que nous éprouvons tous, un jour ou l'autre, devant tel ou tel virage de l'existence à négocier. C'est pourquoi vous trouverez dans cette anthologie autant de noms inconnus que connus d'écrivains ou de poètes.

Ici ou là, la prière, son chant, son importance, son rôle dynamique, la place royale qu'elle occupe au secret du cœur de l'Homme... Ici ou là ? Bien sûr, nous sommes allé recueillir telle ou telle prière dans certaines paroisses ou communautés religieuses de France, nous avons interrogé tel ou tel prêtre, nous avons assisté à des liturgies, nous n'avons pas hésité, pour élargir notre enquête, à solliciter la contribution de catholiques, d'orthodoxes, de protestants, d'agnostiques même, dans la mesure où il nous a semblé que la sincérité du dire et de la quête imposait son évidence.

Au bout de notre pèlerinage de mots, nous avons cherché sciemment et librement à n'être que le dépositaire d'une Parole vivante, individuelle ou collective. Le scribe, le transmetteur, le haut-parleur, le poète ? Parfois, sans jamais le masquer, nous avons accordé la parole à notre propre parole, comme un écho parmi la foule des autres, mais plus souvent nous avons laissé nos proches s'exprimer. Parfois, des inconnu(e)s l'ont fait aussi en nous demandant, par humilité véritable, l'anonymat.

Au fond, notre *Anthologie de la prière contemporaine* est devenue *de facto* l'original témoignage des multiples expressions de la prière face à la vie, alors que se déroule notre début de siècle en incessante et passionnante interrogation spirituelle.

J.-L. M.

1

QU'EST-CE QUE LA PRIÈRE ?

Qu'est-ce que la prière ? Le dictionnaire propose : « Acte par lequel on s'adresse à Dieu, à une divinité pour exprimer l'adoration ou la vénération, une demande, une action de grâce... » Le poète Gérard Pfister, qui ouvre cette *Anthologie*, évoque un désir pouvant nous conduire « vers cet autre », « au temple nu de l'instant »...

S'IL EST UNE PRIÈRE

S'il est une prière, si nos mots, assemblés au hasard, quelque part ont une écoute ; si dans le labyrinthe notre désir peut nous conduire un peu au-delà de nous-mêmes, vers cet *autre* qu'il n'a comme jamais quitté, que ce soit dans la célébration de l'instant. Dans ce grand accord du présent où rien ne manque, où tout pourtant n'est que passage...

S'il est une prière, que ce soit de cette voix d'homme, surgie du néant, mûrie par les hivers, lancée vers le ciel comme une bouteille à la mer. Non pas ces pieux cantiques qui flattent l'habitude, et ces statues de saints aux allures de bourgeois.

S'il est pour l'oraison de nos cœurs quelque part une écoute, si viennent à nos pensées ses profonds souvenirs, que ce soit par pitié de ce dieu affamé du ciel, de ses jours égarés dans nos jours infidèles et de l'austère joie de la rencontre. Que ce soit au temple nu de l'instant, dépossédés de tout et de nous-mêmes, et que nos mots disent seulement la transparence.

Toutes nos prières
Sont au présent
À l'autre,

Au ciel,
À l'unique
Voyant.

Toute notre oraison
Est de présence,
De cette faim,

Cette venue toujours
Recommencée
Dans l'abîme.

Notre sang
S'écoule dans son parfum,
Sa voix,

La nuit de son regard.

Gérard PFISTER

DU CŒUR EN PUISSANCE

À genoux dans le torse de l'homme
Dans la poitrine de la femme
Dans l'espérance de l'enfant
Le bloc brut de décoffrage que je suis se dilate.

Qui me travaille ?

Comme le flux et le reflux atlantique
Rêvant un rêve fondamental
Je bats.
Ici pas d'étale
Les systoles de l'opacité
Les diastoles de l'aube
M'aiment et me font l'amour en puissance.

Qui me travaille ?

Suis-je un silex aspirant à la friction éblouissante ?
Le soleil dont la masse critique soutient le monde
C'est déjà que la petite flamme m'embrase
Et que je veille indéfectiblement au dessein de l'amour placé en moi.
Le vent du Sud me traverse

Dans ses flancs l'odeur du figuier
Les élytres de la joie volètent sur mes parois cardiaques
Les ronces de la haine, de la bassesse, transpercent le muscle que je suis.

Que ce qui me travaille fasse de moi un cœur en acte.

Gwen GARNIER-DUGUY

MA PRIÈRE, MA SILENCIEUSE, MA FURIEUSE...

Ma prière est cet instant d'éblouissement
Devant un bouquet d'arbres, l'or et le feu,
Du tremble, du sorbier, du bouleau, du hêtre
Quand le vent d'automne rebrousse et froisse
Tout cet or, tout ce feu qui va mourir.

Ma prière se pose une minute
Sur la pointe d'un minuscule oratoire de montagne
Que ne visitent plus que des oiseaux piailleurs
Elle les laisse dire.
Quand ils s'envolent, elle s'envole aussi.

Ma prière se glisse entre les pages
Des vieux albums de souvenirs, s'arrête aux visages,
Aux murs, se laisse porter
Par tous les Ave Maria de ces temps-là
Et les autres chansons qui perdent peu à peu leurs paroles.

Ma prière balbutie des mots dans un demi-sommeil,
Elle profite de mon absence, de notre absence à tous,

Pour partir à la recherche de ces mots, abandonnés,
Par on ne sait qui, heureuse, en fait,
Que je la laisse en paix jusqu'au matin.

Ma prière, ma belle dormeuse, comment a-t-elle surpris
Ce regard inattendu qu'un homme, une femme, ont posé sur moi
Sans autre dessein que bonjour ? Le léger cri,
Alors, qu'elle a poussé, comme celui, dans la Rift Valley, de Lucy
Toujours si étonnée, chaque matin, de voir le soleil se lever.

Ma prière, à d'autres jours, est une boule dans ma gorge
Devant les trains de déportés roulant vers tous les camps du monde,
Ou le prisonnier seul et nu qu'on va interroger toute la nuit,
Ses hurlements écrasés à coups de talon sur la bouche,
Elle veut hurler à son tour, mais vers qui, bon Dieu, vers qui ?

Ma prière est une immense et misérable colère
Qui tape de ses poings écorchés contre des pierres
Parce que personne n'écoute personne, personne n'a pitié,
Moi le premier, qui détourne la tête
Comme un homme estimable qui, en toutes choses, veut raison garder.

Ma prière, ma silencieuse, ma furieuse,
Comment ne m'a-t-elle pas déserté ?
Dites-moi pourquoi, quand on ne croit plus
Que quelque Dieu soit à l'écoute,
Pourquoi persiste-t-elle à venir sur mes lèvres ?

François LEBOUTEUX

APPRENDS-MOI À PRIER

J'ai tout appris par cœur sur le cœur de ma mère :
Credo, Confiteor, Ave ou Notre Père,
Chapelets, processions, reposoirs... repentirs.
Et la croix sur le front avant de m'endormir.
Au matin de ma vie, je savais mes prières...

Et pourtant, je t'en prie :
Apprends-moi à prier !

J'ai chanté tous les chants qui élèvent les âmes :
Gospel ou Grégorien, cantiques à Notre-Dame,
Guitare et harmonium, Mozart... Minuit Chrétiens.
J'ai même composé quelques pieux refrains.
Au midi de ma vie, j'ai chanté la prière...

Et pourtant, je t'en prie :
Apprends-moi à prier !

J'ai emprunté aux saints leurs secrets de mystique :
Retraites, adorations, privations, ascétique,
Sagesses d'Orient, d'Occident... du Tibet.

J'ai prêché des retraites, et pourtant, je l'admets :
Au couchant de ma vie, je ne sais pas prier...

Alors, je t'en supplie :
Apprends-moi à prier !

Gaëtan de Courrèges

PRIER ? OUI, TE PARLER...

Oui, te parler
Comme si tu existais.
Se laisser envahir
Par le bonheur de croire.
Et tout au long des jours
Goûter la saveur
De tes effleurements.
Car tout se révèle
Dans cette transparence.

Reconnaître les signes
Dont tu parsèmes le temps :
La rencontre festive
Au carrefour d'une rue,
Le texte écrit pour moi
Dans le livre prêté,
La phrase incisive, nette
Qui renforce le désir,
Les surprenantes réponses
Qui viennent nous inviter,
Les clins d'œil apaisant
La révolte naissante.

À chaque pas : la lumière
Dans la saveur du vivre.

Prier ?
Se laisser envahir
Par ce murmure en soi
Qui enivre tel un vin
Enchantant le palais
Et très subtilement
Nous force à chavirer
Quand on se croit lucide,
Qui invite à perdre,
À se laisser couler,
À lâcher prise.

Ne sachant rien de toi,
Ce non-savoir béni :
La voilà l'ouverture. Se mettre à ton écoute
Pour être enfin atteint
Par ton mystère divin !

Marthe-Pierre Danel

À SIMONE WEIL

Je prie pour toi Simone.
Légère, tu t'es enfuie
Dans ton sommeil devenu trop lourd
Dieu tout là-haut
T'a recueillie.
Petite fille mal grandie
Je prie pour toi
Qui aimais les petits
Qui composais des symphonies
Avec leurs cris immobiles
Et muets à jamais.
Les mots de ta colère
Tes paroles de louange
Tissent le linceul
De l'indifférence et de la haine.
Tes pages noircies
Courent dans le vent
Messages de prière
Pour les petits enfants.

Christine Rabedon

Pourquoi les routes mangées de brume
Et les carillons cosmiques contre le marcheur sans
  sommeil
Qui a volé aux vignes vierges les sourires du grand
  temps
Mon Dieu tiens-toi là sous les portiques d'étoiles
Je viens à toi dans la grande pâleur
Sur les chemins bistres au creux du monde
Qui disparaît dans l'asphyxie heureuse.

Jean-Luc SIGAUX

Mon Dieu de la page de silence
Tournée à l'heure des sarabandes
Contre les vitres fichées dans le ciel vert
Mon Seigneur de la nuit sérieuse
Qui cloue des millions d'hymnes sur la neige de lune
Saisis-toi de moi au terme de la chanson de vivre.

Jean-Luc SIGAUX

II

FACE À LA MORT

Ces méditations ont été écrites soit à la suite du décès d'un membre de la famille ou d'un proche, soit par des personnes aux portes de la mort. Certaines de ces prières sont signées, d'autres non, mais toutes témoignent d'interrogations essentielles et intimes sur la vie, la mort, et la signification de cette dernière.

À TOI MON FILS

Paix à toi, mon enfant
Désormais
Les épines tombent une à une
Il te reste les fleurs ouvertes
Au cœur du grand jardin.

Paix à toi, mon enfant
Désormais
La tempête se calme
Il te vient le vent doux de la plage
Pour gagner la haute mer

Paix à toi, mon enfant
Désormais
L'orage s'éloigne et le désert s'épuise
Il te vient le temps des oliviers
Et le temps des colombes
Et le temps du puits
Pour ton pas de nomade !

Paix à toi, mon enfant
Désormais
La révolte se brise en éclats

Et te sont données les pages blanches du soleil
Pour continuer, ailleurs,
La vie où nous nous retrouverons

Paix à toi, mon enfant
Paix à toi, mon fils

Danny-Marc

AVANT DE MOURIR, EN LE PRESSENTANT OU NON...

Vis le jour d'aujourd'hui
Dieu te le donne, il est à toi,
Vis-le en Lui.
Le jour de demain est à Dieu.

Il ne t'appartient pas.
Ne porte pas sur demain le souci d'aujourd'hui.
Demain est à Dieu, remets-le en Lui.
Le moment présent est une frêle passerelle :
Si tu le charges des regrets d'hier,
De l'inquiétude de demain,
La passerelle cède et tu perds pied.
Le passé ? Dieu le pardonne.
L'avenir ? Dieu le donne.

Vis le jour d'aujourd'hui
En communion avec Lui.

ODETTE
petite sœur du Sacré-Cœur,
tuée à Alger le 10 novembre 1995

UN WEEK-END DE TOUSSAINT

Avec ou sans chrysanthème, il est de mise d'arborer une tête et un cœur d'enterrement, surtout si l'on se rend dans ces cimetières silencieux où repose tel ou tel être cher.

Devant ces pierres tombales et ces croix pointées vers l'énigme du ciel, je sens monter en moi, ô Dieu, des interrogations nues et essentielles.

Ceux qui ont quitté ce monde, où sont-ils ? Que sont-ils devenus et que deviennent-ils au présent de l'Éternel ? Quel seuil à franchir encore, derrière l'ultime palier de chaque aventure terrestre ?

Ici-bas, la mort rôde en voleuse et fauche, semble-t-il sans pitié, les individus quelle que soit leur part de lumière.

Lorsque la mort nous arrache quelqu'un que nous aimons, quelle que soit la Foi, vacillante ou non, que je garde de Toi, c'est toujours l'absence insondable qui étend sa nuit obscure en mon âme blessée. Je me heurte à l'abîme qui me questionne des profondeurs.

Vraiment, il n'y a plus d'abonné au numéro que j'avais joie de demander. La ligne est brisée, pour toujours en apparence. Georges Brassens ne chantera plus *L'Auvergnat* à Bobino.

Alors si Jésus-Christ n'est point ressuscité des morts, toute foi est creuse, toute croyance mensonge, dis-je en songeant, bien sûr, à saint Paul. Oui, si Christ n'a pas désarmé la mort, à quoi bon dire, même de la vie : à quoi bon ?

Par-delà les apparences d'une défaite totale de l'amour quand la mort a tué l'être aimé, il y a, au secret de l'être qui demeure, Ton Espérance qui crie que les tombeaux aux derniers jours s'ouvriront et que les marcheurs que nous sommes deviendront convives à Ta table, et que nous serons enfin invités au banquet de toute faim rassasiée, de toute soif étanchée.

Alors, Seigneur mon Dieu, je Te crois sur parole d'Évangile. Tout est désormais chargé de sens, pas un cheveu du monde n'est ou ne sera perdu, pas un amour vrai, pas un seul acte de bonté, pas une seule image de beauté, pas un regard, pas une miséricorde, pas un sourire, pas une larme, pas un visage, pas même un baiser !

ANONYME

À PROPOS DE LA RÉSURRECTION DE LAZARE...

Je le sais bien, Seigneur, même la résurrection de Ton ami Lazare n'est pas un tour de passe-passe, un tour de magicien ou de thaumaturge. C'est Ton miracle. Et c'est l'un de ceux que je préfère.

En effet, Tu ne te donnes pas en spectacle pour prouver alentour Ta puissance d'intervention, ou même Ton pouvoir secret. C'est parce que Tu es sollicité par Tes plus proches, provoqué à l'extrême pointe du cœur, que Tu réponds par l'Inattendu. Cet inattendu des fous d'amour qui relève tout ce qui est couché et nous entraîne toujours au-delà de toute logique humaine, du côté de l'imprévu, de la poésie, de la transcendance, de la conversion intérieure, du retournement, de la résurrection.

Laissons aux théologiens savants, aux marchands de sensationnel, le soin de savoir si Lazare était en coma profond quand Jésus lui a ordonné de se lever. Laissons l'analyse même du *fait* à d'autres ! Que m'importe ce qu'aurait donné l'encéphalogramme de Lazare avant l'intervention de Jésus !

Ce qui importe plutôt, c'est le Jésus pascal qui laisse entrevoir, en quelque sorte, avec de l'avance, le sens même de ce qu'il adviendra le troisième jour, à l'heure noire où tout semblera joué et perdu pour le genre humain...

Ce qui éblouit dans une telle lumière, ça n'est pas le fait qu'elle naisse en pleine nuit obscure, c'est plutôt qu'elle soit, et qu'elle fasse tout renaître de par son existence même.

Tant que Lazare était malade, même à crever, on pouvait toujours croire en sa guérison. Même si j'ai le cancer et si je me bats, je peux toujours croire au recul de l'échéance finale !

Mais le jour où le linceul est jeté, allez donc parler d'espérance ! Il ne reste plus que les yeux de ceux qui restent pour pleurer... Et le manque atroce de l'ami disparu qui creuse une ride, un sillon de plus sur le visage des présences perdues...

Même Toi, Jésus, Tu as pleuré devant cet arrachement. Saurai-je alors enfin croire que tout est possible ?

ANONYME

TOUJOURS À PROPOS DE LA RÉSURRECTION DE LAZARE

... Tout cela me fait songer à une page d'Évangile où Jésus ressuscite Lazare.

J'avais bien du mal à comprendre.

Bien sûr, cela faisait sûrement plaisir à sa famille de le voir revenir ainsi, mais c'était reculer pour mieux sauter !

Et si Lazare était vraiment mort et découvrait la plénitude de Dieu... Quel calvaire, alors, cette « résurrection » !

Depuis ces derniers temps, je me suis fait une explication dont je ne sais si elle a un sens biblique ou pas : pour moi, la « bonne réponse » de Lazare vient bien sûr de la joie de retrouver les siens qui ont tant prié en ce sens mais surtout de cette *deuxième chance* que lui accorde Dieu de bien réussir sa vie, jusqu'à la mort, et, comme je le dis souvent, d'éviter le gâchis d'une mort non préparée qui ne permet pas de s'approcher de son vivant de l'amour de Dieu. Peut-être que je divague, totalement submergée par mes propres sentiments, mais c'est la clé que j'ai trouvée pour expliquer le sens de ce récit sous le regard de Dieu.

Kareen de Cocquard

à ses amies religieuses du Carmel de Saint-Sever, quinze jours avant sa mort d'un cancer généralisé

EXHORTATION POUR GABRIELLE

À Maud Linder

Croyants ou non, nos questions et nos cœurs se ressemblent
Devant l'énigme de la mort, du silence et de l'éternité.
Et nous prions, ce soir, ensemble, pour Gabrielle
Ô Seigneur de toute lumière transfigurée.

Tu sais et nous savons :
Gabrielle refusait toujours l'hypocrisie des conventions aux bras étroits...
Seigneur, donne à Gabrielle l'étoile qui réveille les bergers que nous sommes.
Elle disait ne pas savoir où croire, et nous espérons pour elle
Que l'aurore magnifique se prépare derrière la nuit de l'immobilité
Comme l'ouverture apaisée d'un poing
Comme le brasier qui habite nos âmes d'une prière à l'autre
Comme ton icône vivante,
Revenue éblouissante du pays des ombres.

Pour Gabrielle, par elle, sur le chemin du détachement suprême

Rappelle-Toi d'elle et de celles, et de ceux, qu'elle aima

Aujourd'hui rassemblés pour la Paix qui rend libre.

Oui, nous Te prions, Seigneur,

Nous tous, estropiés de l'amour quand l'amour s'en est allé dans le soleil,

Nous Te prions pour Gabrielle, des quatre coins de nos histoires humaines.

Et nous faisons confiance à la Parole qui souffle en chacun de nous

Pour faire de nous des pierres vivantes et de fidèle mémoire.

Rappelle-Toi aussi, avec Gabrielle, de tous ceux et celles qui nous ont comme joué le même mauvais tour du grand départ

Et qui ont quitté cette planète.

Accueille-les dans Ton Royaume inconcevable à vues humaines.

Sur Gabrielle et sur chacun, que descende enfin l'aube éternelle de toute Lumière victorieuse. Amen.

D.-M. et J.-L. M.
méditation devant un cercueil

CHAMBRE 342

Dans la chambre 342 d'un hôpital voisin Dieu agonise encore aujourd'hui. Visage torturé par la douleur, Il porte péniblement Sa croix cherchant Son souffle jusqu'aux extrêmes profondeurs de Sa chair. Il râle. Il tombe. Il faut L'aider à Se relever.

La route est encore longue jusqu'au Golgotha...

Il sait pourtant, malgré l'épuisement, que le chemin n'est pas fini. Il n'en peut plus. Il pleure comme un enfant. Dieu l'aurait-Il abandonné ?

Mais Dieu n'abandonne pas Son enfant. Le sait-il seulement au moment où la torture est si vive ? Qui peut juger et blâmer celui qui doute ? Celui qui se révolte ? Celui qui craque ?

Quand l'homme est ainsi défiguré par la souffrance, quand il est couvert de bleus au corps et au cœur, quand il n'est plus que carcasse décharnée et que son regard dit son immense détresse, il est plus que jamais image du Christ sous le poids de la Croix.

Dans cette épreuve, des femmes l'accompagnent à chaque étape de la montée du Calvaire. Elles sont là, silencieuses et prévenantes, avec le geste d'une Véronique, les yeux d'une Marie, la foi d'une Madeleine, la tendresse d'une Marie. Elles épongent, relèvent, caressent et embrassent. Elles ne le quittent plus, ni des yeux, ni du cœur, ni d'une main.

À chaque sursaut de vie, à l'écoute du moindre soupir, elles espèrent, reprennent force pour avancer péniblement avec lui en chemin. L'ultime effort est encore à fournir.

Dans la chambre 342, comme au Golgotha, la vie de l'homme s'éteint.

« Tout est achevé » (Jn 19, 3).

C'est l'heure où le ciel se déchire, l'heure des ténèbres, l'heure de l'angoisse et de la solitude. L'heure où il faut alors lever le regard vers l'autre rive, là où Quelqu'un attend, par une insaisissable présence, faisant cuire le poisson pour nous inviter à manger et à reprendre la route.

Regarde ! Le jour se lève ! La vie renaît de nos tombeaux !

Jésus est vraiment ressuscité.

Caline Forest

UN JOUR TU DÉTRUIRAS LA MORT...

Un jour, tu détruiras la mort pour toujours ! Pour l'heure, j'attends encore la mort de ma peur et l'éclosion de mon espérance. Évidemment, je te demande la grâce d'une bonne sortie de ma propre vie. Apprends-moi à bien me servir des jours qui me restent, à ne point les compter mais à les rendre fructueux. Amen.

ANONYME

DEVANT UN CORPS SANS VIE

C'est pire encore que l'écorce du Petit Prince. C'est froid, plus froid encore. C'est du prêt à pourrir, Seigneur, rien de plus ! C'est comme une grande croix, inerte, sur le sol. Une aperception directe.

Il faudrait alors que je m'agenouille, que je débranche mes poings, que je ferme mes paupières d'agnostique, que je Te prie enfin.

C'est pire encore que l'écorce du Petit Prince. C'est triste à mourir.

Qu'est-ce à dire, Seigneur Dieu ?

ANONYME

SUR UN CAHIER DE PAROISSE

Seigneur, reçois dans Ta lumière ma sœur Bernadette qui vient de quitter ce monde en étant persuadée que tout était fini de tout après la mort. Accueille-la dans Ta miséricorde sans fin. Qu'elle connaisse la divine surprise de Te rencontrer et qu'elle apprenne que seul compte alors Ton regard. Tu connais la bonté et l'humilité qui habitaient son cœur, et l'amour qu'elle portait à son entourage. Qu'elle s'unisse dans le Christ à jamais. Amen.

ANONYME

POUR UNE MÈRE EN AGONIE

Ô Christ, prends donc pitié d'elle. Je sais qu'elle approche de Toi. D'elle, je suis né. Ma mère. Justement ma mère aux portes de la mort. Ils l'ont débranchée. Ils l'ont mise dans une chambre à part du reste de l'hôpital. Il faut être aveugle du cœur pour ne pas comprendre.

Ô Christ, prends donc pitié d'elle et de moi, son fils, par-dessus le marché ! Jamais je n'ai su lui pardonner ses manques de caresse, nos désaccords, ses discours édifiants... Si j'ose dire : sa propagande.

Pour l'heure, l'heure est venue de sa dernière heure. Et je ne sais toujours pas dire : maman. Ô Vierge Marie, inspirez-moi, apprenez-moi à lui pardonner si cela est encore possible. Je voudrais rattraper le temps perdu. Mais il est bien tard pour pleurer.

ANONYME

FACE À LA PEUR DE MOURIR

Jésus, sauve-moi de mes craintes. Entends ma prière de détresse. Je n'ai pas peur de mourir, j'ai peur de sauter dans l'inconnu de Ta Lumière et de n'y voir que l'Ombre. J'ai peur de l'abîme. Du ventre des enfers. Je le reconnais, je doute encore et je ne suis pas Jonas. En moi, la mer n'en finit pas d'être furieuse !

Saïd M.

AVEC LE PSAUME 129

Si je mets mon espoir en Toi, depuis ma petite enfance, je ne suis plus sûr d'entendre Ta parole. Des profondeurs du doute, je crie vers Toi, Seigneur. Écoute mon appel et que Ton oreille se fasse attentive au cri de ma prière. Si Tu retiens mes doutes et mes reculs, Seigneur, qui subsistera ? J'espère en Toi, de toutes mes forces. Mais le veilleur est à bout de veiller et l'aurore ne vient pas encore. Délivrance est un mot qui me blesse. Je me sens mort du dedans avant même de mourir ! Enchaîné comme un malfaiteur par les serres de l'incertitude.

Si je T'attends encore ardemment, il est des heures de nuit où je ne le sais plus. Regarde mon égarement avec bonté, avec miséricorde. Par le sacrifice qui guérit les hommes, accorde-moi le salut éternel que je n'espère plus guère.

Saïd M.

QUELLE RÉSURRECTION DES MORTS ?

Je ne sais trop si je suis capable de comprendre la résurrection des morts. Faut-il d'ailleurs la comprendre ? Qui disait qu'il fallait la croire, quand même elle vous serait absolument incompréhensible ?

Dieu tout-puissant, ô créateur, pardonnez la peine que j'ai certains jours, même ici, devant votre icône, la peine que j'ai à me persuader qu'il y ait une autre vie, une issue qui délivre à la fin des siècles, un jugement même.

Je dois trop raisonner, trop vouloir tout disséquer et comprendre, pour garder la fermeté, la constance et la grâce. Sans déguisement, je suis venu avouer tout cela. En raisonnement, je suis trop expert ! Et je ne veux pas d'une conversion de pacotille, épatante en paroles et pitoyable dans la pratique de chaque jour !

Il me faut quelque chose, quelqu'un de plus, et c'est Toi, Seigneur.

Et nous verrons plus tard cette résurrection qui distinguera les vivants des morts, les justifiés de ceux qui ne le sont pas. Il me faut quelque chose, quelqu'un de plus, aujourd'hui, et m'attacher à Toi pour Toi-même.

Dieu tout-puissant, ô créateur et Maître, aidez-moi à me dégager enfin des liens de la mort.

LE MÊME...

COMME VOUS J'AI EU UN FILS

Maman... Maman...
Comme c'est doux, ce nom-là...
Encore une fois, une fois seulement
Je voudrais l'entendre tendrement...

Marie, Sainte Mère de Dieu
Vous qui avez fait face
À l'impossible, à l'inacceptable
Calvaire de votre Fils unique

Expliquez-moi, montrez-moi
Comment on se relève de ce chaos-là ?
Combien de fois, votre exemple me hanta...
Combien mon désespoir dans la Pietà se figea...
Comme Vous, j'ai eu un fils,
Comme Vous, je l'ai aidé à grandir
Comme Vous, il était l'objet de tout mon amour
Comme Vous, j'avais l'espérance de son bonheur

Comme Vous, j'ai connu la fin de ses jours
À l'aube de ses trente-trois ans...
Marqué par les injustes souffrances
Comme Vous, je fus impuissante.

Moi aussi, j'étais au pied de sa croix
Moi aussi, dans mes bras, il expira...
Marie, je n'ai pas votre Sainteté
Et il m'est impossible d'oublier...

Du fond de mon cœur
Je fais appel à votre compassion
Aidez-moi à réagir sans passion
Aidez-moi à trouver le chemin de la rédemption...

Nos Fils sont sûrement à vos côtés,
D'amour, tout le monde est comblé !
Je puis espérer qu'un jour,
Moi aussi, je vous rejoindrai...

Martine François-Cortinovis

QUI ÊTES-VOUS MARIE ?

Une femme dont on n'a rien dit
Si ce n'est qu'elle était fiancée
Et qu'un ange lui vint annoncer
« Te voilà entre toutes choisie ».

Une femme dont on n'a rien dit
Si ce n'est qu'elle avait accouché
D'un garçon au pays de Judée,
Des bergers en ont fait le récit.

Une femme dont on n'a rien dit
Si ce n'est qu'elle a trois jours cherché
Son enfant qui semblait l'oublier
Et son cœur n'y avait rien compris.

Une femme dont on n'a rien dit
Si ce n'est qu'elle était à Cana
Pour la noce où Jésus transforma
L'eau en vin, et l'on peut croire en Lui.

Une femme dont on n'a rien dit
Si ce n'est sa présence à la Croix

Quand son fils étendait ses deux bras
Pour mourir au milieu des bandits.

Une femme dont on n'a rien dit
Si ce n'est sa prière avec ceux
Que brûlèrent les langues de feu
Baptisés du baptême en Esprit.

Sans signature
(SAINT-HIPPOLYTE)

POUR UN PASSANT

Accueille, Seigneur, dans ta lumière cet homme
Que les siens ont attendu huit jours
Et qu'ils n'ont d'abord pas reconnu à la morgue.
Seul son dentiste l'a reconnu à ses dents
Tant s'étaient acharnés sur son visage
Ceux qui pour lui prendre finalement
Ses papiers et l'argent que peut porter un chômeur
L'ont roué de coups à Vincennes
Vers minuit entre le métro et sa maison
Il y a une semaine.

Claude-Henri Rocquet

III

FACE AU QUOTIDIEN

Ces prières, diverses, sont inspirées des étapes de la vie quotidienne. Vacances, retours de vacances, promenades dans la ville, grands et petits départs, rencontres fortuites, fatigue issue du temps qui passe, événements en apparence sans importance qui, soudain, prennent sens...

AVANT UN DÉPART EN VACANCES

Belle est la vie comme un départ en grandes vacances quand Tu es Seigneur notre unique bagage ! Notre seul baluchon est l'Éternité. Notre seul héritage est l'Évangile. Nous sommes des voyous de lumière. Souvent nous trébuchons, peu sûrs de marcher droit sur la piste en lignes brisées de Ton Royaume.

Parce que nous en avons assez de mourir de banalité, écrasés de plannings et d'horaires, assez de poursuivre des idoles de plastique, d'écouter béatement des flashs publicitaires, vides comme la poudre d'une vague lessive, assez d'entretenir des rêves de frigidaire ou de céder à des obsessions de comptes en banque, nous Te demandons le Feu, celui des explorateurs de l'âme !

Apprends-nous Seigneur à partir à n'en plus finir d'arriver, jusqu'au dernier jour. Prenons l'autoroute du risque intérieur.

Et ne discutons pas toujours ! Nous Te suivons. À Toi de voir...

François X.
27 ans, paroisse Sainte-Marie-des-Batignolles

CE SERAIT SI SIMPLE

Ce serait si simple

Ce pur abandon
Qui soudain prie en nous

Comme c'est parfois très simple l'amour

Un cœur confiant en Ta seule volonté
Et que toute Ta volonté se fasse

Pour qu'advienne ce monde où nous sommes promis.

Thomas Cox

À LA RENTRÉE D'AUTOMNE...

Seigneur, alors que s'ouvre devant nous tous une nouvelle saison de labeur et de désir,
Après l'été des vacances,
Avant de reprendre la trace de nos destins particuliers
Indique-nous la Voie afin que rien de nous ne se perde
Et que notre communauté retrouvée soit habitée par toutes les liturgies des Hommes,
Et que nous soyons chaque jour de concert mués par Ton amour plus fort que la mort,
Car Tu es notre icône sans cesse poursuivie
Soleil qui saigne à mesure qu'il éclaire le monde...

Seigneur, rassemble nos unités égarées dans Ton unique pardon,
Donne-nous l'audace et le rayonnement de l'Esprit,
Donne-nous la force et la joie d'édifier tous ensemble
Sous Ton regard
Une chapelle de Lumière.

Chapelle Saint-Bernard-de-Montparnasse

DEMANDE QUOTIDIENNE

Demandez
Et encore redemandez

Et vous viendrez
Comme en l'âme s'élève un plus sûr espoir

Vous viendrez
Si riches en votre cœur comme allégé

Votre cœur soudain libéré
Votre cœur soudain habité d'un seul vouloir

Celui même de Dieu.

Thomas Cox

D'UN PROMENEUR INCONNU

Chaque église est une maison qui dort d'une seule oreille
À réveiller d'urgence.
Ici, devant l'autel, tout est facile, il n'y a personne, tout est facile comme de mâchonner un chewing-gum usé en attendant Ta grâce !
Au fond, je me demande ce que je viens faire ici. M'abriter du soleil ? Mais il pleut dehors. Me protéger de la pluie ? Mais elle vient de cesser. Si je savais faire ne serait-ce qu'un pas vers Toi, si je savais ouvrir mes mains pour l'attente, si je savais prier... Je ne fais que passer.
Pourtant, je Te salue, vite, très vite, comme si j'avais honte.

UN PROMENEUR INCONNU
Extrait d'un cahier d'une paroisse du
17e arrondissement de Paris

ET PARFOIS LA PRIÈRE

Et parfois la prière
C'est ce qui ne se connaît plus

Ce cri qui déborde

De toutes nos forces de mort
Quand la vie ne nous a plus rien laissé

Parfois la prière est ce cri
Où dans la peur nous sommes si petits

Si privés

Cœurs ouverts à la plénitude de Ta grâce.

Thomas Cox

ET PARFOIS TU CROIS ET TU RESPIRES

Et parfois tu crois
Et tu respires

Comme un souffle

Tu sens la force
Jaillie au cœur de ton cœur

La force
Où se vit soudain le plus fort de l'instant

Et tu seras

Seule musique au pur chant de ton cœur.

Thomas Cox

OUVRIR UN PEU PLUS LE CŒUR

Comme on donne un seuil à sa porte
Un seuil toujours

Pour celui qui sera venu de si loin
Qui se sera si bien cru l'étranger

Et ne savait pas qu'il serait joie

Joie au cœur soudain si proche de l'inconnu
Dont Tu auras su si bien aplanir le seuil.

Thomas Cox

DONNEZ-NOUS LA JOIE DES DÉPARTS

Nous resterons jusqu'au bout des navigateurs de l'inquiétude et de l'inconfort, tant que notre cœur n'aura pas jeté l'ancre, définitivement, en Toi, Seigneur.

Mais la croisière de la vie est à vivre tout entière comme on déploie un poème sous la permanence de Ton regard ! Nous touchons enfin la pleine joie des départs toujours recommencés quand Tu nous dis : « Suis-moi. » Et, d'escale en escale, de risque assumé en risque bu jusqu'à la lie, inépuisablement, nous allons sous le ciel serein ou dans la tempête, vers Toi.

Notre plus haute liberté, notre seule fidélité, c'est de toujours accepter de partir vers l'inconnu, sur un signe de Toi, dans la confiance.

De Toi je souhaite apprendre à n'être rien d'autre que désir de Toi, Seigneur tant aimé, accueil corps et âme de Ton imprévisible émergence.

ANONYME

COMME L'ON VOUDRAIT SI FORT...

Comme l'on voudrait si fort Ta lumière

Le luxe de Ta paix
Dans l'atroce arrachement de nos guerres

Comme l'on Te voudrait plein soleil
Sur la ténèbre de nos doutes

Et parfois l'on sait

Quand vient dans l'ombre du soir
L'étrange lueur d'une parole

L'étrange souvenir de ceux qui ont su
Dont le cœur est né de ce qu'ils ont cru.

Thomas Cox

TU NOUS CHERCHAIS…

Tu nous cherchais
Dans les pas du jour

Tu nous cherchais
Dans les forces de nuit

Tu nous cherchais
Pour donner promesse au tout de notre vie

Pour de tout mal faire ce bien

Où dans chacun de nous se sauve l'âme.

Thomas Cox

À TOUTE HEURE, JE M'ÉMERVEILLE...

Je m'émerveille de tes divines mains
Plantées au cœur de mes humeurs
Pour les porter plus loin

Vers ta propre demeure

Palper ton absence
À toute heure

Y boire la présence
Avec les mains du cœur.

Frère Bernard PERROY

À CHAQUE HEURE DU JOUR

Où est mon Dieu
Que je ne sache me rendre à sa joie
À chaque heure du jour

Comment te voir Seigneur
Parmi les ruines
Ou les mépris ?

Viens m'abriter
Du souffle de ton nom

Pour que le vide de ce monde
Comme celui du tombeau
Aux linges gisants
Soit l'escabeau de ma foi
Ce coup de reins
Par lequel m'élancer dans la nuit
En enfant de lumière

Pour annoncer ta gloire...

Frère Bernard PERROY

IV

FACE À LA MALADIE PHYSIQUE

Face aux menaces de la maladie physique, souvent, et soudainement, le besoin de prière revient au galop. Comme si s'adresser à Dieu pour guérir le corps était un réflexe intérieur... Parce que le Seigneur a porté nos souffrances, s'est chargé de nos douleurs, pour nos proches ou nous-mêmes, nous lui demandons, comme naturellement, la force de lutter pour guérir.

EN REVENANT D'UNE VISITE À L'HÔPITAL

La cicatrice sur sa jambe, peu à peu, fixe ses marques. Cette semaine fut trop longue. J'ai envie de dormir pour ne pas avoir peur. Et je me demande si Tu existes vraiment, Notre Père de mon âge de sale gosse.

Je revois le visage du père Bertrand, dans le préau de l'école. Il nous criait toujours : « Gardez l'espérance et tout se passera bien ! »

Après quelle espérance courait-il ainsi ?

Jésus, j'ai peur. Il avait raison le père Bertrand. Je vais lire un polar pour oublier la peur ! La Sainte Trouille de perdre celle que j'aime ! Et je suis reparti à la maison, en taxi. Et si Dieu s'en fichait bien du sort de ceux qui s'aiment ? J'ai été prendre mon vieux missel d'avant mon mariage. J'ai ouvert au hasard. Une antienne d'ouverture :

« Écoute, Seigneur, je t'appelle.
Toi qui t'es fait mon protecteur,
Ne me quitte pas, ne m'abandonne pas,
Dieu, mon sauveur ! »

Il n'est pas mal, tout compte fait, ce missel de la semaine. Je vais le remettre sur le meilleur rayon de notre bibliothèque, Françoise, en attendant que tu quittes la clinique.

JOURNAL DE BORD D'UN ANONYME

NE PAS CRAINDRE LA MORT

Seigneur, affermis cet homme tremblant quand il
songe
Qu'une de ses dents se délabre et se déloge.
Cet homme tellement attaché à son corps
Qu'il fuit tant qu'il le peut l'image de la mort.

Relève-le, Samaritain, sur le talus
Où gît son corps qui n'a plus face humaine.
Relève-le, rassure-le, Seigneur de Samarie,
Et que remis à l'auberge angélique
Où tu te confies
Il sache enfin que la mort se dissipe
Comme à la vitre où l'enfant souffle son haleine
La passagère et trompeuse buée.

Claude-Henri ROCQUET

QUELQUES MOTS D'UN MALADE DU SIDA

Maintenant que j'ai le sida, ô Dieu, je n'ai plus rien à craindre, rien à perdre mais à gagner chaque seconde...
Tout morceau de vie devient diamant pour moi, chaque jour est un cadeau supplémentaire.
Chaque lever du jour est une rosée de plus que j'admire et que je déguste, goutte à goutte, pour mieux retenir l'Essentiel du souvenir et du goût de vivre.
Maintenant que j'ai le sida, ô Dieu, que puis-je Te dire ? J'avais déjà tant de mal à m'adresser à Toi, avant. Au temps des amours interdites et des seringues folles.
Je suis à bout de course, à bout de mots.
Démerde-Toi avec moi, puisque, follement, je Te fais confiance aujourd'hui encore !

D'un jeune patient du centre DIDRO

FRANCISCO DEMANDE UN PÈLERINAGE À LOURDES

(Je le voyais depuis des mois, en tant qu'intervenant en toxicomanie, une ou deux fois par semaine, pour l'accompagner dans son chemin de sidéen déclaré. Je n'oublierai pas ce matin étrange où il me dit, en se penchant légèrement par-dessus mon bureau...)

Si cela était possible, j'irais bien encore à Lourdes, avant de crever. Des fois que la Madone m'apprenne à vivre encore un peu droit sans toujours chercher midi à quatorze heures ! Tu sais, je suis revenu de tout, de presque tout. Sauf de bonne nouvelle !

Francisco A.
centre DIDRO

(Francisco fit un voyage à Lourdes, en effet, avant de mourir du sida dans un hôpital parisien. À l'instant de rendre son dernier soupir, comme asphyxié, il me promit de me chatouiller les pieds de l'outre-tombe, pour m'assurer que Dieu existait...)

DURANT UNE RADIOTHÉRAPIE

Confiance en ce Dieu qui aime la vie : « Ne crains pas, aie seulement la foi », dit-il à l'aveugle de Jéricho.

« Seigneur, tu sais tout, tu sais bien que je t'aime... »

J'aime et je crois en ce Dieu fait homme.

Aimée, accompagnée à mon rythme, respectée dans ma liberté, cette confiance m'a rarement quittée. Le climat de confiance ancre un chemin libérateur. C'est le début de l'acceptation.

L'incompréhension, la tristesse m'ont aussi envahie. Oser se dire. Laisser paraître ses émotions ? Quels risques de franchir ses barrières ?

Notre laisser paraître nous interdit souvent ces moments libérateurs. Baignée d'une présence aimante, d'une atmosphère de confiance, qui respecte la part de mystère de chacun, il n'est pas humiliant de laisser paraître ses émotions. La tension intérieure tue souvent par pudeur peut alors se libérer.

À la mort de Lazare, Jésus exprime sa tristesse et pleure.

Dans un superbe petit livre (*L'épreuve*), Maurice Bellet parle de son expérience de malade : « L'amour d'amitié a trois visages : la présence, l'hospitalité, l'écoute. Les trois sont un. »

J'ai vécu cela.

La présence de tous. Je continue d'exister pour tous et je suis comme délivrée d'être encerclée de moi-même...

L'hospitalité ? J'ai été admirablement reçue.

L'écoute ? Je peux parler dès que je décroche le téléphone. Ici, chacun prend le temps.

Avec le temps, la fatigue prend pourtant le dessus.

Quand les séances quotidiennes de radiothérapie ont débuté, j'ai choisi de partir chaque jour en méditant une béatitude.

« Heureux les pauvres en esprit... Heureux les doux... Heureux les cœurs purs... »

Marie-Agnès Devernay

DÉJÀ

Déjà le rouge a gagné la colline
Déjà l'automne se recueille
Dieu de grâce, Dieu de lumière veuille
Que je me tienne dans le feu des vignes

Et que je vive encore une saison
Dans la douceur de ma maison.

Claude-Henri ROCQUET

V

FACE AUX CATASTROPHES ET AUX GUERRES

Face aux catastrophes, naturelles ou non, face aux guerres qui ne cessent de faire couler le sang des innocents, des quatre points cardinaux de notre planète, les prières de supplications n'en finissent pas d'ascensionner...

APRÈS LE TSUNAMI EN ASIE...

Tu es fou, Seigneur ? Cette lame de fond sur Phuket, n'est-ce pas le diable en personne que Tu as laissé faire ? Réponse à Job : tout est absurde aujourd'hui. Je vais envoyer une dépêche à l'AFP : l'épicentre de ma vie a atteint la magnitude 0 sur l'échelle ouverte de la petite sœur espérance de Péguy.

Tu es fou, cette énergie tueuse, est-ce bien la Tienne ? Ma prière tourne à la mauvaise farce. Et Sartre, il est où dans ton paradis ? Je l'entends ricaner.

ANONYME

SUPPLICATION SUR ISRAËL

Seigneur Dieu
Retiens le bras de Ton peuple
Retiens la main d'Israël
Fais taire ses armes
Ne permets pas à Ton peuple
De faire subir à d'autres
Ce qu'il a lui-même trop subi
Rappelle ses chefs à la raison
Ô Dieu
Rappelle à Ton peuple Ta puissance
Que Ta paix soit sur Israël
Et sur le Liban
Rassure les fils de Jacob
Apaise Tes enfants de Palestine et du Liban
Que la Paix soit sur Jérusalem
Et sur Beyrouth

Il n'y a plus
Ni Juif, ni Palestinien, ni Libanais
Mais des hommes, des femmes, des enfants
Qui crient vers Toi

Écoute-les
Que vienne Ta paix
Shalom et Amen

Jean-Luc Bachery

OHOLIBA – URUSALEM[1]

Jésus t'aime
Jésus t'aime Jérusalem !
Chantaient les murs de la cité
Un Dieu venant la visiter
En ce dimanche de Carême
Autant que Jésus dans ses chaînes
Tous les hommes persécutés
Portent leur croix dans la cité
Et saignent en Jérusalem.

Urusalem
Dieu a choisi Jérusalem,
Sa pierre blanche de Judée,
Pour inscrire à l'Humanité
Que tout homme en Lui est de même,
Et parce qu'il voudrait qu'on s'aime
Allah, Jésus-Christ ou Yahvé
Il n'est qu'UN en Jérusalem.

---

1. Oholiba : nom de courtisane donnée par le prophète Ézéchiel dans son imprécation à Jérusalem (Ez 23). Urusalem : premier nom de Jérusalem, « fondation du Dieu Salem » (XIXe siècle av. J.-C.).

Jérusalem !
Sous les fumées j'ai vu ta plaine
Le sang caillé sur ton soldat
De l'enfant de l'Intifada.
J'ai vu tes chars ouvrir aux hyènes
La gorge des maisons où saignent
Les mêmes murs que Guernica.
Ouvre ta porte de Jaffa
Et hors tes murs chasse la haine !

Jérusalem !
Oholiba, Jérusalem !
Pour avoir bu dans ta cité
Le vin de l'impudicité
Sur la table de la Cène
Où corbeaux et capitaines
Ripaillent à satiété
Du pain de l'atrocité
Crains ton Dieu et son anathème !

La Bête est là
Jésus-Christ, Yahvé ou Allah
Recrucifiés par Attila
Qui médite l'Iniquité
Semant les morts dans la cité
À Sabra et Shatila.
À tes murs de se lamenter
Ô Jérusalem l'athée
Depuis que ton Dieu n'est plus là.

Oholiba !
Assez de haine et de combats
C'est la Shoah que tu blasphèmes

Entends ces voix de Yad Vashem
Se levant du fond du trépas !
Jérusalem, baisse ton bras
Épargne ton frère Ismaël
Que la mémoire d'Israël
De son sang ne rougisse pas !

Ô Requiem !
Sous l'étoile de Bethléem
À tous humains qu'ils se souviennent
Que leurs sangs sont de mêmes veines
Que leurs os font un même bois
Ils ne sont qu'ombres ici-bas.

Paix à toi ! Salàm ! ou Shalom !
La même voix au cœur de l'homme
Pour toutes les Jérusalem !

Roger-André HALIQUE

VI

POUR LA PATRIE

Prier pour son pays est à nouveau de mise. Et pas seulement en périodes électorales... Dieu qui veille sur le monde veille aussi sur le pays où il nous a donné de vivre. Et chacun peut lui demander que ceux qui nous gouvernent le fassent avec sagesse, afin qu'il règne parmi nous plus de justice, de paix, de bonheur.

AU CHRIST-ROI

Seigneur Jésus, Maître de toutes choses et Roi des nations
Tout autant que des individus, Vous qui devriez régner ici-bas
Comme Vous régnez au Ciel, nous Vous prions, Vous implorons et Vous supplions en faveur de la France,
Fille aînée de Votre Église, dont Vous connaissez mieux que quiconque les abandons, les parjures et, du coup, la dramatique situation.
Délivrez-la, Seigneur, de qui s'ingénie à lui arracher sa foi.
Délivrez-la, Seigneur, de qui la dévoie et la pervertit en haine de Vous et de Vos lois.
Délivrez-la, Seigneur, de qui la livre aux Infidèles.
Délivrez-la, Seigneur, de qui la détruit en y foulant aux pieds le Droit naturel.

Donnez, Seigneur, à notre patrie les chefs politiques qui referont d'elle une nation chrétienne.
Donnez, Seigneur, à notre Patrie les évêques qui lui rendront sa ferveur.

Donnez, Seigneur, à notre Patrie le courage de renouer avec la mission plus que millénaire
Qui lui fut dévolue au baptême de Clovis.
Donnez, Seigneur, à notre Patrie la force de Vous ramener les peuples que son exemple détourna de Vous.

Seigneur Jésus, dont l'amour préférentiel pour la France
Et les Français se manifesta de manière éclatante
À Paray-le-Monial, soyez à nouveau et pour toujours notre Roi.

Très Sainte, Très Douce, Très Belle et Très Puissante Vierge
Marie, que le roi Louis XIII nous choisit pour Reine, plaidez la cause de Votre malheureux royaume auprès de Votre Fils.
Ayez tous deux pitié de la France et des Français, qui se jettent à vos genoux !
Secourez, en cette période cruciale, ceux des Français qui croient en vous et entendent
Conformer leurs desseins à vos préceptes, d'où la haine que leur voue le monde !
Et Vous fallût-il, comme lorsque Vous suscitâtes Jeanne d'Arc,
De même qu'à tant d'autres heures de notre histoire nationale,
Opérer un miracle spectaculaire, sauvez,
Nous vous en supplions, sauvez sans attendre davantage

Notre pays qui se meurt et dont l'espoir ne réside qu'en Vous.

Ainsi soit-il.

COLLECTIF

POUR LES MORTS DE L'ISLAM MORTS POUR LA FRANCE

Nous venons vous prier, Seigneur,
Pour les morts de l'Islam.
Ils étaient les fils de ceux qui se sont battus jadis,
Contre les vieux Francs massés derrière les lances
De Charles Martel et de monseigneur Godefroy.
Le désert de Palestine se souvient encore
De l'envol des escadrons sous un soleil de feu,
Du choc des armures et du râle des hommes
Mourant illuminés par l'ardeur du combat
Ou l'ivresse de la lutte.
Le sable a bu le sang des vieilles hécatombes
Et les moissons ondulent dans la plaine de Poitiers.

Et voici qu'un jour, Notre-Dame-de-la-Garde,
Vous, dont le visage se tourne vers la Vierge d'Afrique,
Vous avez vu surgir à l'horizon de la mer,
Par les routes ataviques,
L'escadre innombrable des nouveaux Croisés
Qui accouraient combattre l'hérésie nouvelle.
Les fils des barbaresques sont morts pour que s'efface

Des flancs pierreux de votre colline,
Jusqu'à la trace de la lèpre brune ;
Et les fils des Francs qui les menaient à la bataille
Ont, à votre bénédiction,
Humblement incliné leurs fanions victorieux.

Ils sont venus, Seigneur, des rives sarrasines
De votre Méditerranée chrétienne.
Combien d'entre eux sont morts sur les routes de France,
Des cyprès de Provence jusqu'aux neiges du Rhin,
Si loin de cette terre où leur cœur était resté,
Si loin des tentes noires et des ksours fauves,
De la montagne bleue et des oliviers tondus,
Du doux bruissement des palmes sous la brise du sud
Et de l'âpre chanson du vent
Dans les branches puissantes des cèdres argentés ?
Remplis du souvenir d'une lumière unique,
Leurs yeux se sont fermés aux brumes d'Occident.

Certes, ils n'ont point admis la loi qui est la nôtre,
Mais, ô merveille de Charité,
Ils ont fait au pays chrétien
L'offrande de leur simple vie.
Et lorsqu'un sort compatissant les libérait pour quelques heures
De la boue et du froid de leur immense fatigue,
Du grondement des chars et du tonnerre des canons
Et de la hantise de la mort,
Ils nous accompagnaient d'un regard fraternel
Jusqu'à la porte de vos sanctuaires

Où nous allions vous supplier
Pour nous-mêmes et pour eux.

Seigneur, dans votre infinie bonté,
Malgré notre orgueil et nos défaillances,
Si vous nous faites, à la fin de nos épreuves,
La grâce de votre béatitude éternelle,
Permettez que les braves guerriers de Berbérie,
Qui ont libéré nos foyers
Et apporté à nos enfants le réconfort de leur sourire,
Se tiennent auprès de vous, épaule contre épaule,
Comme ils étaient naguère sur la ligne de bataille,
Et que, dans la paix ineffable de votre Paradis,
Ils sachent, oh qu'ils le sachent, Seigneur,
Combien nous les avons aimés.

Général HUBERT
ancien commandant du 15e Tabor,
unité marocaine de l'armée d'Afrique

J'AIME LA FRANCE, SEIGNEUR...

J'aime mon pays, la France, ma nation bien-aimée,
et tu le sais, Seigneur.
Je ne suis ni prédicateur ni militaire, encore moins
idéologue,
Mais j'aime la France et pour elle je te prie, ce soir,
Seigneur,
Afin qu'elle ne tourne pas mal, qu'elle refuse ses
ennemis jurés, la mollesse et la confusion de toutes les valeurs qui la sauvent,
Qu'elle n'oublie pas de se mettre sous la protection
de la Vierge Marie,
Puisque Marie demeure notre douce avocate
céleste,
J'aime mon pays, et je suis prêt à mourir pour lui,
Si on touche à l'âme de mon pays,
J'accepte de mourir comme un poète,
Un patriote
Sans tambour ni trompette.

Antoine LEFRANC

PRIÈRE DU PARACHUTISTE

Je m'adresse à Vous, mon Dieu,
Car vous donnez
Ce qu'on ne peut obtenir de soi.

Donnez-moi, mon Dieu, ce qui vous reste,
Donnez-moi ce qu'on ne vous demande jamais.

Je ne vous demande pas le repos
Ni la tranquillité,
Ni celle de l'âme, ni celle du corps.

Je ne vous demande pas la richesse
Ni le succès, ni même la santé.

Tout cela, mon Dieu, on vous le demande tellement
Que vous ne devez plus en avoir !

Donnez-moi, mon Dieu, ce qui vous reste.
Donnez-moi ce que l'on vous refuse.

Je veux l'insécurité et l'inquiétude,
Je veux la tourmente et la bagarre

Et que vous me les donniez, mon Dieu,
Définitivement.

Que je sois sûr de les avoir toujours
Car je n'aurai pas toujours
Le courage de vous les demander.

Donnez-moi, mon Dieu, ce qui vous reste.
Donnez-moi ce dont les autres ne veulent pas.

Mais donnez-moi aussi
Le courage et la force et la foi
Car vous êtes le seul à donner
Ce qu'on ne peut obtenir que de soi.

André ZIRNHELD
d'un parachutiste mort au Liban,
quelques jours après cette prière
qui date de mars 2005

PRIÈRE À SAINT MARTIN POUR PRIER DIEU

Pose sur moi ton manteau de prière,
Martin, Martin de Tours, Martin
Dont la prière était feu et rosée !

Aide celui dont la prière est faible
Vacille au vent des jours
Et va s'éteindre.

Pose sur moi ton manteau de prière,
Ô saint Martin, cœur charitable,
Et redis-moi que ce pauvre est le Christ.
De ton manteau recouvre-moi si je l'oublie.

Donne-moi l'amour de la solitude
Mais que la solitude soit accueil.

Donne-moi l'amour du silence.

Donne-moi l'amour de la vérité
Et le courage de la dire
Avec celui qu'on persécute.

Rappelle-nous que l'Église est pardon.
Rappelle-nous que l'Église est amour.

Martin, tu es venu de Hongrie et de Rome
En Gaule vivre l'Évangile :
Prie pour cette patrie que tu as sanctifiée
Et pour toute patrie humaine, prie,
Comme les anges le chantaient à Bethléem
Que Dieu fasse de nous des artisans de paix.

Amen.

Claude-Henry Rocquet

VII

LOUANGES

En ce début de XXIe siècle, louer et remercier à l'unisson le Créateur à travers sa création fait partie plus que jamais de toute spiritualité monothéiste. Si merveilleuse est la nature que Dieu notre Père nous a donnée. Pour rendre grâce à la vie, à tout moment et pour toutes choses, les prières se rassemblent et se répondent...

TON IMPRÉVISIBLE JOUR...

Celui qui veut prendre la trace lumineuse du Fils de l'Homme se déleste soudain de tout son passé. Il chasse les routines qui rassurent et il se met en chemin, sans se retourner.

Le chrétien ne se cherche pas des excuses d'oreiller pour ne pas oser l'aventure d'aimer. Toute notre société de grande bouffe et de grande misère veut nous faire croire qu'il existe des assurances tout risque contre les risques de la vie ! C'est un leurre, toujours.

Je suis fait pour la pleine joie des départs recommencés sans cesse.

Et, d'escale en escale, de risque assumé en risque bu jusqu'à la lie, nous allons vers Toi. Pauvres fous que nous sommes : nous pouvons faire des centaines de fois le tour du monde, changer de vie, de pays, d'amour, comme de chemise, être riches ou pauvres, matériellement parlant, nous ne comprendrons jamais rien de Ton Royaume tant que nous n'aurons pas découvert, chemin faisant, Ton imprévisible Jour !

ANONYME

PSAUME DE LA RECONNAISSANCE

Venez rendre hommage au Créateur
Collines arbres et sources
Et vous souffle immense que l'homme respire
Quand toutes choses s'inclinent vers son jour

Chaque mot brûle de sa présence
Éclaire la pensée qui s'étonne
De l'œuvre que le vent n'a pas dispersée

Comme homme d'éternelle imperfection
Je viens au-devant de la lumière
Je ne suis pas la lumière !

Seigneur la terre que tu veux me laisser
Passage de la vie à la mort
D'abord est celle qui en moi-même
Se dépossède et libère la force d'aimer

Ainsi l'homme qui se renouvelle
Terre et silence par la sagesse et le soleil
Dans le chant de la plus haute sève
Des frondaisons attirent en toi la communion
De l'univers toujours en marche vers l'infini

Jean-Pierre Boulic

ALLÉLUIA UNIVERSEL

Pour les sourires du soleil à contre-courant de nos nuits humaines
Pour l'oreille attentive de la bonté écoutant le jour secret en chaque homme
Alléluia, Seigneur !

Pour la cohorte de Tes Saints qui vécurent Ton Évangile au cœur
Pour la lente et violente et douce propagation de Ta Lumière
Alléluia, Seigneur !

Pour les conversions de l'aurore qui retournèrent tant de vies
Pour nos secondes naissances advenues à partir de Toi
Alléluia, Seigneur !

COMMUNAUTÉ DE SAINT-BERNARD

LA GLOIRE DE BYZANCE

Pantocratôr
Crucifixion abstraite du soleil
Entends l'adresse à la lumière
Commencement d'une prière d'homme.

Silence à l'inattendu d'un trouble divin !

Une ombre d'homme, avant la terre,
Émergea seule du limon
De la Lointaine de la Nuit,
Façonnée pour l'Intranquille.

Une banquise de silence
Nuit au noir du néant :
Une ombre blanche entre des blocs d'obscur
Glisse en serpent l'éclair de l'âme.

Pantocratôr
Immanent à l'icône
À la traverse en démesure de la lumière divine,
Révèle-toi entre paix et peinture.
Sois-moi propice en ce jardin d'angoisse.

Pantocratôr
Visage non ordinaire
Image non faite de main d'homme
Logos aux lueurs de limbes
Tout-Puissant Madilion
Viens pour la vie nimber le masque de ma nuit.

Qui ou Quoi
De la nuit au noir
À l'aplat du néant
Étreint en vain le blanc de l'ombre
En l'Éternelle Dormition ?

Robert LIRIS

Ô ROI DE GLOIRE

Ô roi de souffrance roi de gloire !
Ton trône est debout dans les sous-bois mouillés
Parmi les branches humiliées de notre hiver
Parmi les ronces rancunières
Seigneur ô mon Seigneur !
Doux et bon roi ta croix de bois !
Et toute la terre entre tes bras, ta croix de chair !
Tu avais sur le visage des tristesses de houx
Et tout enfant tu dansais dans le lierre...
Roi de souffrance roi d'enfance, miroir !
Ton règne est d'amour sur notre terre immense et
noire
Ton règne est d'amour non de puissance...

Rémi PELON

À TOI LE SEUL

Seigneur, j'abrège les nuits d'atomes, de galaxies,
d'étoiles
Jusqu'à ton aube, larmes et tes caresses d'eau,
Dans la brise des monts puis l'éclosion du chant
Dans ma louange d'arbre.
J'ai traversé le cri d'océan des tendresses.
Ton amour est la fleur dont la branche s'efface
Jusqu'à laisser le fruit, seul, s'épanouir.

Seigneur, précision de scalpel,
La fleur près du glacier, dans le blizzard, résiste
Puis la graine est portée dans le sel et l'humus
Jusqu'à l'arbre de feu que le fruit transfigure.
Jour dans le jour, l'amour, dans l'attente et les gestes,
Appelle et parle d'accueillir
Pour traverser l'acier, les pierres et le sable.

Maintenant que je prépare
Le rendez-vous de solitude où la joie point,
Après la traversée de la nuit des étoiles,
Des algues, des branchies, des muscles et des crocs,
Du feu que l'on transporte et des pas qu'on mesure,
À partir de l'eau,

Du pain qu'on a pétri et du vin qu'on accueille,
Le long des monts qui couvent,
Je suis remis debout,
Lumière en ta lumière
Dont l'attente a le goût du pollen de juin
En dépit du silex de tous les sangs versés.

Maintenant n'aura plus à user jusqu'au jour.
Tu viens.

J'affame jusqu'à Dieu
D'avoir place en un monde où l'argent singe Ton
  esprit.
J'affame et je t'affame, Seigneur ;
J'assoiffe et je t'assoiffe
D'être si peu capable d'offrir l'eau vive
À ceux qui en ont soif et qui l'ignorent
Dans tous les désespoirs et les délires.

Ma parole est sans poids, Seigneur.
Soif et faim dans les nuits qui se bousculent,
Tous les masques vendus au plus offrant,
À la bougie ou sous les projecteurs,
Alcools et rythmes, discours, coups
N'en finissent pas d'étourdir.
Soif et faim,
Le vêtement, Seigneur, de la lumière sans déclin,
Par quoi les murs de la prison s'effacent, revient.

Selon la beauté de la nature retrouvée neuve
En un prénom irremplaçable en devenir,
L'homme et la femme sont bénis.

Tout leur est pur et le temps de la jouissance
ensemble
Allège les corps des liens qui pèsent, et révèle,
Après la traversée des entraves,
Leur lumière, ton amour,
La vérité de leur parole et de l'écoute,
Car le désir en sa durée gravite
Autour de ton soleil sans crépuscule, Seigneur.
Et la vie sans usure a pris corps.

Bernard JAKOBIAK

TOI QUI BRÛLES

Toi qui brûles
À toute heure
Au plus profond de mon être

Je ne sais plus
Te dire
Me dire
C'est tout un

Mais ta présence me pénètre
En chemin

Par le petit bout de mes pas

Les regards désappris
De mon cœur.

Frère Bernard Perroy

DANS L'ORATOIRE DU CŒUR

Dans l'oratoire du cœur
Te retrouver au fil des jours

Et ne plus rien avoir à soi
Que le long apprentissage
D'un abandon...

Frère Bernard PERROY

AMENDE HONORABLE

Dieu, je t'adore avec profonde révérence
Et vers toi, malgré ma faiblesse, je me lance.
Tel David devant l'Arche d'Alliance, je danse
D'amour sur le chemin de la petite enfance.

Tu m'enivres, et comme David moi j'entre en transe
Je me trouve devant toi presque sans défense.
Tu m'emportes vraiment dans un autre univers
Que le monde borné par sa circonférence.
Hélas, je ne peux pas clamer mon innocence,
Je suis pardonné, et dis ma reconnaissance.

J'étais solitaire et je deviens ton sanctuaire.
Agitation fut ma vie et exubérance,
Mais pour t'entendre, je dois faire le silence
Ainsi qu'anéantir ma triste pétulance,
Me taire pour toi et vibrer en résonance,
Me vider, te laisser agir par transparence,
Toi, de qui tout dépend comme Cause Première.
Ce sera alors une idyllique romance.

Que monte ma prière et brille ta lumière.

Dominique Le Tourneau

HYMNE À TA RÉSURRECTION

Regardez bien ce Feu
Il couvait depuis trois jours
C'est l'aube première qui recommence...

Comme une éclaircie qui se fraye un chemin
Dans le brouillard opaque de nos vies
Comme le lâcher prise d'un poing serré
Qui devient paume ouverte à toutes caresses
Comme le brasier qui habite ton cœur
D'une prière à l'autre
Quand cogne à la porte ton désir de Dieu...

Comme la joie des enfants
Qui cherchent des œufs de toutes les couleurs
Dans le jardin du printemps
Résurrection de Ta lumière !

Comme l'étoile qui réveille les bergers que nous sommes
Pour que scintille la rosée en nos âmes
Comme ton icône vivante
Revenue, éblouissante, du pays des morts.

Jean-Luc Maxence

Ô SOLEIL D'EN HAUT

Ô Soleil d'en Haut
Vibrant en toute chair
En chaque fleur
En chaque chose...

Pluie de grâce
Et d'enthousiasme,
Merveille de fraîcheur
Et source de tout bien,

Tu illumines le monde
Et tous les cœurs,
Soleil à la triple splendeur
Mais unique en sa lumière.

Frère Bernard PERROY

ÉCOUTE LA CHANSON DE LA NUIT

Écoute la chanson de la nuit
De son âpre ferveur
Elle te caressera
Dira le mystère de nos âmes
Le secret des rives oubliées
C'est le cristal des roches
La chanson de la nuit

Il faut creuser beaucoup
Puis fendre les ténèbres
Trouver l'envoûtante émeraude
Je me souviens de la cognée
Blessant l'inquiétant repaire
Où mon rêve endormi
Frère des clartés simples
Attendait Ta venue

Ô chanson de la nuit
Dévoile à mon regard
Cette rivière d'or
Où doucement couleront
Nos songes apaisés

Jean-Noël CORDIER

PUISQUE DÉSORMAIS JE T'ATTENDS

Tenterai-je d'inscrire en nos stériles causes,
En nos détours,
Les épaves de nos cœurs ?
Tenterai-je de Te montrer ces reflets
Aux parfums d'amertume ?

Il reste un peu de pluie, pourtant,
Et un peu de soleil :
Cela se mêle, et chante les renouveaux
Qui se cherchent et s'épuisent
Mais redisent les attentes, toujours,
Et pour demain, sans doute, les certitudes...

L'ombre, ce soir, avive tes regards,
Souligne ces liens subtils
Gravés en taille douce dans le cristal des songes.
Enveloppant de douleur les manques d'autrefois,
Elle se souvient qu'il faut croire
Puisque désormais je T'attends
Sur les sentiers aux discrètes surprises,
Toi qui viens dessiner Ton nom
Et Ton image
Aux horizons des temps ouverts.

Jean-Noël CORDIER

HYMNE À LA LUMIÈRE

Du centre de la nuit se lève une langue de clarté
À détruire l'Obscur d'âge en âge
Comme un sourire descendu sur un visage triste
Comme le Verbe aimer qui crépite à nouveau
Dans un retour de flamme
Et redevient aurore...
Comme un geste de paix
Résurrection de Ta lumière, Seigneur.

Dans le brouillard opaque de nos vies
Comme l'éclosion d'un poing serré
Qui devient paume ouverte à toutes caresses
Comme l'étoile qui réveille les bergers que nous sommes
Pour que scintille la rosée en nos âmes
Comme Ton icône vivante
Revenue,
Éblouissante, du pays des morts.

Veilleurs, vous n'attendiez pas en vain

Prions et louons ensemble ce Feu
Il couvait depuis trois jours

C'est l'aube éternelle de toute lumière victorieuse !

Jean-Luc MAXENCE

DEVANT L'ICÔNE

Tu es joyeux de voir mon icône
À ton mur blanc parmi tes livres
Et de savoir que cette icône
Te vient de l'ancienne Russie.

Songe à la joie qui sera tienne
Lorsque tu verras mon visage
Dans la lumière éternelle
Et pour toujours,
Mon enfant, mon frère,
Toi qui me pries
Face à l'icône
Et crois en moi
Comme si tu ne croyais pas.
Tu ris encore comme en rêve
Alors que je suis ressuscité
D'entre les morts
Et que tu le crois.

Seigneur, oui, je crois,
Mais viens en aide à mon incroyance.
Tu sais que même en te priant je dors
Et je ne sais si mon cœur veille.

Claude-Henri ROCQUET

DIEU DE L'UNIVERS JE T'AIME

Dieu de l'Univers je t'aime.

Je ne sais pas te donner de nom, j'ignore quelle pourrait être ton image – et je préfère que tu n'en aies pas quand je te ressens en toute chose.

Tu es la force et l'énergie, le tourbillon de la matière minérale et la sève et le sang de la pulsion de vie.

Tu es l'existence et je te vénère et te remercie pour le soleil et les milliards d'étoiles, le brin d'herbe et l'alezan qui le broute, la rose et l'abeille, la gazelle et le lion, tous les bois des forêts, les verdures des champs, la blancheur des montagnes et l'eau sans fin des océans profonds. Sur la Terre bleue si belle tu m'as fait naître du fond des âges et par toi mon corps, mon cœur et mon âme communient avec la Nature puisque je suis issue d'elle et lui appartiens. Ensemble nous sommes en toi et en moi je te reçois. L'Univers est ton royaume, il te contient et tu l'assembles.

Tu es l'immensité et les particules. Tu es souffle et lumière par-delà les douleurs et les souffrances, le malheur et l'injustice : tu m'es le dieu qu'on ne supplie pas, à qui rien ne se demande.

Tu m'es le dieu sans temple ni église : pourtant quand même tu es l'essence de ma conscience et je te loue et te remercie.

Jocelyne d'Agostino

MON DIEU FORT

Anges ! Mon Dieu fort, quelles fêtes au-delà ?
Mon Seigneur, ma louange, quelles danses au-delà ?
« Saint, Saint, Saint » criez-vous, anges louangeurs,
Ici-bas mais ces pluies, ici-bas ces grillages...

Seigneur, ô mon Seigneur, il faut que je te voie !
Anges ! Mon Dieu fort, aux noces quelles danses ?
Seigneur, ô mon Seigneur, quel est ce feu de joie ?
Ici-bas mais ces nuits, et cette cécité...

Est-ce Toi sur la croix ? Anges ! Cette épée...
« Saint, Saint, Saint » criez-vous, en guirlandes au-delà,
Seigneur, ô mon Seigneur, mais ma mort toute proche,
Une hyène alléchée...

Tu l'as goûtée sur ce bois les bras grands ouverts,
Anges ! Où cet arbre flamboie, au verger quelles fêtes ?
Seigneur, ô mon Seigneur, au jardin quelles danses ?
Anges ! Cette croix... ce trésor d'arc-en-ciel !

Rémi PELON

VIII

PRIÈRES DU SOIR ET DU MATIN

Psalmodies, lectures, intercessions... On trouve souvent dans les missels de la semaine un formulaire complet de la Louange du matin et de la prière du soir selon l'office romain. Les prières proposées ci-après montrent que nos contemporains honorent le matin et le soir comme deux instants de la journée où tout homme spirituel sent le besoin de se mettre en oraison devant le Dieu vivant afin de l'adorer et l'invoquer...

POUR LE SOIR

Merci, Seigneur, pour le jour vécu,
Merci pour le bonheur du sommeil.
Ici, je me mets entre vos mains,
Et que mon Ange ami, mon veilleur,
Me garde au long de ce chemin.

De nuit jusqu'à l'heure du réveil
Et veuille accepter de m'enseigner,
Selon ce que dit le Livre ouvert,
À moi qui ne sais quasi rien,
Ce qu'il me faudra savoir demain.
Amen.

Dominique DAGUET

UN MATIN, POUR LE PAPE BENOÎT XVI

Ce matin, en suivant les actualités télévisées, j'ai vu notre pape Benoît XVI prêcher la paix comme il pouvait du haut de je ne sais quel balcon du Vatican. Il avait un triste sourire aux lèvres et avait l'air de demander le pardon des péchés du monde en temps de séisme.

J'ai songé à saint Pierre, le chef des apôtres, et je me suis dit banalement que notre pape avait été choisi comme son successeur. Et je me suis mis spontanément à Te prier... « Seigneur, ai-je dit, inspire juste celui que tu as fait pasteur de ton Église et garant de son unité. »

Et j'ai songé à mes amis qui aiment tant la messe tridentine, à mes amis qui ne supportent plus guère le latin, et je t'ai supplié, Dieu notre Père, guide de tous les fidèles, d'accorder à Benoît XVI de savoir se dévouer à nous tous par la parole et l'exemple. J'ai même dit : « Fais qu'il demeure jusqu'au bout de sa vie pour son peuple le principe et le fondement visible de l'amour de l'Église catholique pour tous, sans exclusive. »

François THUAL

AU CRÉPUSCULE, LE PSAUME 129...

La nuit descendait sur la ville. Lentement, imperceptiblement, ainsi qu'une chasuble de deuil sur le monde. Par cœur, j'ai dit : « Des profondeurs, je crie vers Toi, Seigneur, Seigneur, écoute mon appel ; que ton oreille se fasse attentive au cri de ma prière. » Et toute la suite me glissa des lèvres, comme ça, sans avertir ! « Mon âme attend le Seigneur, je suis sûr de sa parole ; mon âme attend plus sûrement le Seigneur qu'un veilleur n'attend l'aurore. »

Il y avait longtemps, si longtemps que je ne m'étais mis à genoux ainsi. Du cœur par cœur.

Denis X.

IX

QUAND LES MOTS MANQUENT

La prière est une chose mystérieuse. Le désir de prier n'entraîne pas nécessairement les mots pour prier ! Les textes qui suivent le prouvent. Certes, comme le dit le livre de l'Ecclésiaste :

« Il y a un temps pour tout,
Et un temps pour tout faire sous le ciel... »

Mais nos contemporains prient souvent de façon inattendue, avec des expressions personnelles et insolites. Toujours émouvantes et souvent brillantes comme des lumières au milieu des ténèbres du monde.

JE VOUDRAIS PRIER MAIS JE N'Y ARRIVE PAS...

Parfois, je voudrais prier
Mais je n'y arrive pas.
Je suis là
Je ne Te demande rien.

Je suis là
Je regarde.

L'horizon où l'heure rosit
Les rayons du soleil pâlissent
Les Vosges se découpent et s'estompent.

Je suis là
Je regarde.

Les arbres tanguent et balancent
Le vent danse
L'ombre sur notre maison.

Je suis là.
Je regarde.

Le moment est lourd
L'instant est léger
À mes pieds, mon chien alangui.

Je suis là
Je ne te dis rien
Je regarde.

Mais je sens bien à ce moment-là
Que Tu es là, avec moi,
Et je T'en remercie.

Martine François-Cortinovis

JE SUIS LA PRIÈRE DE VINGT HEURES QUARANTE-DEUX

Je suis la prière de 20 h 42...

Je suis la prière du sixième numéro. Celle de l'homme qui, il y a encore quelques secondes, enfoncé dans son canapé après une journée de travail harassante et inintéressante, noyait sa fatigue, son désarroi et ses regrets dans une succession d'images toutes les vingt-quatre secondes se donnant le luxe, quelques instants, de ne penser à rien.

Je suis la prière de la chance sur près de quatorze millions.

Celle de l'homme qui maintenant se tient raide, les fesses posées sur les coussins mauves, les muscles tendus en proie à une excitation implacable, les doigts serrant inexorablement un morceau de papier et le cou incroyablement allongé.

Celle de l'homme qui promène ses yeux exorbités de ses mains à la lucarne 16/9e de 71 centimètres de diagonale et de la lucarne 16/9e de 71 centimètres de diagonale à ses mains.

Je suis la prière du possible.

Je suis la prière de la ferveur du désir s'accomplissant.

Je suis la prière de l'inaccessible probable.

Je suis la prière de l'avenir de l'autre côté de la barrière.

Je suis la prière qui venge le méprisé et appelle le méprisable.

Je suis la prière de la bascule.

Je suis la prière de ce flash au bar d'en bas, en rentrant du travail, parce que « 100 pour cent des gagnants ont leur chance » et que le désespoir n'a pas d'autres solutions.

Je suis la prière de l'incroyant, d'un vague souvenir, d'un mélange de vin et d'hostie dérobés dans la sacristie.

Je suis la prière du résigné, du passif et du lâche.

Je suis la prière de l'éphémère, celle qui disparaît dans la seconde qui suit le denier métro.

Je suis la prière de l'égoïsme et de la bêtise.

Je suis la prière de l'entre deux mondes.

Condamnée à errer dans les couloirs de la ville sans jamais pouvoir m'élever jusqu'à Lui.

Condamnée à rejoindre le peuple de mes sœurs, nées comme moi de désirs futiles, sans la moindre sincérité, sans courage et inutiles.

Condamnée à rester.

Condamnée à être de ce couvercle opaque, gris qui embrasse la terre et qui chasse un peu plus chaque jour les lumières divines de ce monde.

Je suis la prière assassine.

Je suis la prière galvaudée.

Maudit sois-tu, homme de peu de foi !

Jean-Marc Descotes

DEVANT TOI

Le plus souvent, je ne sais que dire devant Toi.

Je n'ai plus de mots à ma disposition.

Je reste, devant ton tabernacle, muet, immobile.

Je sais alors qu'il n'y a rien à dire, qu'en somme tout a été prononcé : Tu as tout dit, rien n'est à ajouter.

Parfois, la sotte désolation d'être si vide, si misérable.

Quand je ressens la nécessité de m'adresser à Toi en paroles venant de moi (le cas du Pater et de l'Ave étant à part), je sais ne pas ou ne plus être dans la simplicité confiante et remplie d'amour de l'enfant.

Alors redresse-moi, et fais que Ta main m'ouvre ce pauvre cœur qui T'oublie. Amen.

UNE RELIGIEUSE DU QUÉBEC

LE DIT DU VIEIL ARBRE

Je vois que tu crées
Tout ce qui peut advenir
Que puis-je dire de toi ?

Rien si ce n'est contempler
En ce que tu es
Le nom jamais prononcé

Je te crois effacement
D'une présence invisible
Au cœur de l'humus

Je suis ta création
Viens aide-moi à comprendre
Ce qui germe en moi

Ce que je désire en toi
Si peu et tout à la fois
Toujours à la peine

D'être vivant et veillant
La réalité
Ce bois noueux dont je suis.

Jean-Pierre Boulic

EN TON AMOUR...

En Ton amour, Seigneur, dont je désire être envahi, rassemble tous mes amours d'ici-bas afin de les faire grandir, sanctifiés, purifiés, amours de tes frères sauvés en ce Salut de toute la Création que Tu assumes par ta venue parmi nous.

Amen.

Dominique DAGUET

AU DIEU DES PÈRES BLANCS

Je repense au Dieu des Pères blancs

Au Dieu Homme
Au Messie Blanc
Les bras pendus
Au pylône
Séchant sa chair
Ses hématomes...

Au Dieu désolé comme une bête empaillée dans le grand ciel chassant les cygnes et laissant venir à lui les petits enfants laids...

Oh ! Qu'une voix dans ma bouche
Une voix dans ma gorge
De la salive sur ma langue
Une voix de voyelles et de
Consonnes aux commissures
Ose à nouveau ce quelque chose
Qui commence par un souffle
Un souffle mince entre les dents
Et qui ressemble

Au gémissement des pierres
Et qu'on appelle
Une prière :
Mon Dieu Seigneur, prends pitié...

Rémi Pelon

JE VAIS VERS TOI

Par les douces distillations de la détresse
Sous les canicules de plus en plus longues de nos conversations,
Dans ce mal magnifique qui m'éloigne de toi,
Sans autre terre à l'horizon
Sans autre ciel dans les yeux que les glaces ensoleillées de ton silence
Étincelant de sel de mes solitudes,
Je vais vers toi,
Seul que je ne sais nommer avec aisance,
Vers cet arbre sans écorce descendre dans l'eau de ma naissance
Vers cette douleur chanter les tombeaux de ma mort,
Je vais, avec autant d'hélas que de bonheur,
Vers toi mon drame, vers toi ma distance, mon impatience,
En ce sens même et peut-être de ce que tellement plus facilement
J'appelle l'espérance,
Avec dans mon cœur l'inquiète colère,
Avec dans mon âme la paix de tes tourmentes,
Vers des beautés plus violentes et vers des gestes plus tendres,

Doutant de mes joies, écoutant ma peine toujours
  plus à l'étroit,
Pour tout cet amour encore qui ne sait pas assez
  que je l'aime,
Je vais vers toi.

Bruno THOMAS

X

DE LA TENDRESSE

Sur les lèvres du peuple chrétien, la tendresse de Dieu s'exprime. Elle a sa place royale. Elle touche de la pointe fine du cœur les puissants comme les humbles. L'orant, se souvenant du Psaume 112, bénit le nom du Seigneur, dès maintenant et pour toujours, du lever au coucher du soleil.

AU SEIN DE TON AMOUR

Ô Père éternel, Dieu de miséricorde et de tendresse,
Je T'offre le corps et le sang de Ton Fils bien-aimé
Corps que nous avons meurtri, sang que nous avons répandu,
Je T'offre son âme et sa divinité
Âme que nous avons désolée, divinité que nous avons méconnue,
Je T'offre son cœur tout accueil, tout amour,
Cœur que nous avons meurtri, accueil que nous avons rebuté,
Amour que nous avons insulté, bafoué, flétri,
Ô Père, je T'offre ainsi Ton Unique, notre Seigneur Jésus-Christ,
Notre Sauveur et notre Dieu, en réparation de tous nos péchés
Et de ceux du monde entier.

Ô Père, Toi que Jésus nous apprend à nommer ainsi,
Par sa très sainte et très douloureuse passion
Sois miséricordieux pour nous tous et pour le monde entier.

Dieu saint, Dieu fort, Dieu éternel notre Père, prends-nous,
Avec le monde entier, au sein de Ton amour. Ainsi soit-il.

Dominique DAGUET

DÉCLARATION

Me savoir fragile
L'accepter
Et le dire
Avec douceur et sans la crainte
De te recevoir

Moi si lent à voir
À penser à croire
Ne sachant comprendre
Par faiblesse innée
Ce qui me dénoue

Si fragile
J'accueille aujourd'hui
La bienveillance de ton cœur
Qui sait tout
Du désir de vivre

Je te crois amour
Je te laisse aimer
En pleine mesure
Je me laisse aimer
De ton cœur aimant

Que la parole émerveillée
Germe sur mes lèvres
Reconnaisse
L'insigne beauté du créé
Suscite mon désir d'aimer !

Jean-Pierre Boulic

MON AMI

Mon Dieu, quelle chance de te compter parmi mes Amis
D'entendre Tes pas à ma porte
De T'accueillir à tous moments
Ceux de bonheur et ceux de tourments
Créer, avec Toi, une ribambelle de joie !

Je me dis souvent :
« Comment font ceux qui ne Te connaissent pas ?
Se sentent-ils abandonnés ou ne pensent-ils pas ? »...

Heureusement pour moi, Ton appel est venu réveiller ma foi,
Ta souffrance sur la croix a fait écho en moi...

Avec Toi, main dans la main,
Je continue mon chemin
Je n'ai pas toujours été fidèle
Mais il a fallu passer par là
Pour mesurer combien je comptais pour Toi...

Je pense encore et encore
À ceux qui ne Te connaissent pas...

Seigneur, éclaire-les encore une fois
Répète fort Ton appel !
Donne-moi l'occasion de témoigner
De Ta protection, Ta miséricorde, Ton amour !

Afin qu'ils se disent :
« Quelle chance elle a d'avoir cet Ami-là ! »

Martine FRANÇOIS-CORTINOVIS

DÉSIR DE TOI

Je ne sais pas toujours comment te nommer
Tu as tellement de noms qui n'ont plus cours
Je ne sais pas toujours comment te parler,
J'oserais bien pour toi des mots d'amour
Mais ils sont encore entaillés
De cicatrices !

Tu ne m'as pas permis de te rencontrer
Au soleil triomphant des érudits,
Tu ne m'as pas permis d'apprendre à marcher
Sans que mon cœur se cogne aux interdits !
Mais tu me donnais rendez-vous
Dans tes coulisses

Et mon désir de toi est si fragile à dire
Qu'il a besoin d'un silence infini
Et mon désir de toi est une symphonie
Qui ne peut pas s'écrire.

Je ne t'ai pas trouvé à l'abri du vent
Sur des chemins tracés pour aller droit.
Je ne t'ai pas trouvé aux palais dormants
Des princes protégés qui font les lois.

Mais j'ai plongé dans l'ouragan,
À ta rencontre !

Tu ne m'as pas forcée à t'ouvrir les bras
Mais tu m'as rendue libre de t'aimer.
Tu ne m'as pas forcée à venir vers toi
Sans que je garde au cœur ma liberté.
Mais tu me laisses des sentiers
Où je t'affronte !

MANNICK
(paroles et musique)

XI

INTELLIGENCE DE LA FOI

Dans les paroisses catholiques, les groupes dits d'*intelligence de la foi* ne sont pas rares. Il s'agit notamment d'étudier l'Écriture sainte, les doctrines et les traditions théologiques, et d'entreprendre souvent un travail historique de discernement. Ne plus se contenter de la foi du charbonnier, en quelque sorte.

CE QUE TU VEUX DE NOUS

« Je suis la Voie, la Vérité et la Vie », dis-Tu. Voici donc les trois V de la Victoire ! À côté des trois W de l'idole à la mode ? Et, ailleurs, Tu dis : « Je suis la Résurrection et la Vie. Qui croit en Moi, même s'il est mort, vivra ; et quiconque vit et croit en Moi ne mourra jamais » (Jn 11, 25-26).

Seigneur, par nous-mêmes, nous sommes bien incapables de comprendre ce que Tu veux de nous, de saisir l'infini qui passe par tes mots, d'entendre le sens plein et créateur de ce que Tu cherches à nous dire, à nous faire saisir, d'aller sur tes traces, d'oser nous défaire de notre défroque ; afin d'entrer dans les voies nouvelles qui sont celles de ta grâce. Alors, supplée à nos faiblesses, et porte-nous par-dessus l'abîme de nos impuissances et de nos effrois ! Amen.

Dominique Daguet

DEVANT LE PENSEUR DE TOFFOLI
(1973)

Tourné en lui-même
Le regard invisible tant il est intérieur,
La main reliée silencieusement à la bouche
Comme pour allier, sans mot dire,
Le geste à la parole,
Dans un mouvement ininterrompu de l'être,
Les jambes fléchies, ramassées,
Dans un arrondi
Qui récapitule toute sa dimension,
Le cœur tout illuminé
D'une clarté secrète
Presque transparente.

Voici l'homme en lui-même,
« Le penseur », le contemplatif, le priant,
Celui qui « tient en lui,
Son âme égale et silencieuse,
Comme un petit enfant contre sa mère » (Ps 130).

Lien secret entre l'homme et lui-même,
Entre l'homme et l'au-delà de lui-même,
Lien transcendant,

Qui dépasse tout autre lien,
Qui s'élève au-dessus de tout amour humain
Qui est supérieur à toute raison,
À toute logique, à tout attachement.
Lien sacré entre l'homme
Et celui qui le contemple
Et qu'il cherche.
Celui-là même, pour les chrétiens,
Qui a dit d'aimer son prochain
Comme soi-même...

Caline FOREST

DE MARÉE BASSE EN HAUTE MER...

Non, Seigneur, ce n'est pas vivre seule qui est rude !
Ce qui est rude c'est de ne pouvoir être deux...
Vivre au pluriel au cœur du quotidien ouvre la porte à tous les possibles, mais décider de vivre au singulier donne le pouvoir à toutes les confrontations solitaires, aux hésitations sans fin...

Ai-je eu raison de faire redoubler la classe du fils cette année ?
N'ai-je pas eu tort de laisser sortir ma fille si tard ?
Jusqu'où puis-je prendre le risque d'une fin de mois difficile ?

Je savais bien, Seigneur, qu'il n'y aurait plus personne à attendre le soir,
Plus d'aube à accueillir au petit matin,
Que la table ne dresserait qu'un seul couvert, les jours où les enfants inaugureraient l'indépendance !

Mais à vingt ans si l'on est femme dépossédée de l'enfance, on est encore bien proche de l'adolescence...

Non, Seigneur, je ne cherche pas d'excuses... simplement à comprendre !
Au lieu de rêver j'aurais dû réfléchir davantage.

Un mauvais matin, il fallut bien admettre qu'il n'y avait rien à faire pour sauver notre tour de Babel ! Il fallut bien admettre que le divorce ouvre la brèche aux déchirures...

Mais tu veillais, Seigneur, au milieu du naufrage,
Pourtant, j'avais trop de choses à Te dire, je m'en souviens !
La Parole ne suffisait pas, la prière non plus d'ailleurs.
Seuls le cri et le silence survivaient.
L'un et l'autre n'ont pas eu besoin de dictionnaire pour être déchiffrés...

Est-ce Toi qui, petit à petit, m'as fait passer sur l'autre rive ?
Est-ce moi qui, retrouvant la soif, me suis mise en quête d'eau vive ?
Je ne sais.

Il a suffi, un jour, d'ouvrir le regard sur la vie pour voir que la vie continuait !
Les amis de toujours attendaient le réveil pour dire leur présence à n'importe quelle heure du jour et de la nuit.
Une fête à célébrer, un repas à partager, un travail à proposer, un week-end à improviser, un coup de cafard à éponger...

Alors, entre neige et printemps, de marée basse en haute mer, j'ai navigué
Toujours un peu plus funambule, à la crête des vagues, devant sans cesse ramer pour assurer la vague suivante !
Le passage fut rude, Seigneur, difficile le chemin.
Mais au-delà de la cicatrice tracée, il a suffi, un moment, de croire et de vouloir la vie possible !
Il y a des enfantements obligatoires
Et des naissances que l'on peut choisir de mettre au monde !
Ainsi, du bonheur délibéré, de l'amour imprévisible, et, simplement, de la vie quotidienne partagée aujourd'hui.

DANNY-MARC

SUPPLIQUE

Prier pour me plaindre
Plainte d'être seule
Si petite et pauvre
Dénuée oubliée
Reléguée
a-ban-don-née

Prier pour pleurer
Sangloter chavirer
Parce que souffrir seule
Ça ne se peut plus
Percluse de refus
Trop de colère
Encore chagrin et rage mêlés
Prier morveuse et agitée

Prier supplique
Implorante suppliciée
À genoux à terre
Toute tremblante
Victime quand même
À l'aide à l'aide

Prier comme espérer
Il y aurait de l'autre
Un souffle un zéphyr suffirait
Un sourire vers moi

Prier avec le visage
Et vider l'effroi

Frédérique DE GRAVELAINE

ORAISONS

Ah ! Que le Saint Mystère ne te soumette pas à l'épreuve du mal, ne t'y laisse pas pénétrer comme l'on aspire au suicide ou au noir appel du néant, mais plus encore que la foi (car tu ne connais point si tu ne crois que croire), qu'il offre d'abord le désir et l'espérance du salut par son alliance avec toi, par l'aide unique qu'Il t'apporte et la promesse qu'Il te fait de ne te donner que Lui-même et jamais rien de moins que Lui : la béatitude infinie, déjà, en ce monde, accomplie à travers la mort de Jésus et la résurrection du Christ sans cesse ici renouvelées !

Bien que tu ne sois rien, sache que tu peux tout si du moins de ton vide et de ton désespoir tu fais offrande au Père qui consent d'être aimé, même de non-amour.

Jean-Claude Renard
poète (1922-2002)

TOI QUI DANS UN HOMME

Toi qui dans un homme
Comme un homme
C'est-à-dire petit à petit
Dans le mystère d'un lancinant appétit
Es venu tout apprendre avec les mots
Et la mémoire des hommes
Tout sur le règne animal
La douceur de l'agneau
La course des poissons la tanière du cheval
Tout sur le règne végétal
La vigne prophétique le figuier
L'ivraie, l'hysope les blés, tous les bois du charpentier
Tout sur le règne minéral
Le roc qui donne l'idée de la fidélité
La glaise qu'on peut indéfiniment remodeler
Et le sable où l'on écrit distraitement
Le mot le plus secret le plus puissant

Tu appris à dévisager l'homme
À le désarçonner à le dérouter
À le transfigurer
Par l'annonce de l'autre règne
Celui qui est tout proche

On ne sait où ni dans l'espace ni dans le temps
  mais il est proche
Le règne de Dieu

Tu vins tout apprendre avec les mots
Et la mémoire des hommes
Tout apprendre de ce que tu savais
De toute éternité
Un peu comme à l'inverse
J'apprends à Te connaître
Toi par qui je suis, Toi qui de toute éternité
Nous donnes d'être.

Rémi PELON

ÉPILOGUE BERNANOSIEN

« Ô Marie conçue sans péché
Priez pour nous
Qui avons recours à Vous »

Le nouveau jour se lève avec peine et nous ouvrons les paupières. Nous nous frottons les yeux, c'est un peu comme un lendemain de fête, l'un de ces jours où l'on s'éveille sans trop savoir où l'on est. Sans vraiment savoir de quoi la fin de la nuit a été faite. Nous secouons la tête, nous étirons nos membres. Nous ouvrons enfin les yeux. Nous regardons le monde.

Et, autour de nous, tout autour de nous, *partout,* les paysages sont des ruines.

Et, autour de nous, tout autour de nous, *partout,* les hommes errent au sein du désastre.

Les hommes suffoquent sous les pierres.

Le réveil est brutal. Est-ce vraiment un réveil ? Ne s'agit-il pas plutôt de l'envahissement d'un esprit fatigué – le mien – par une profonde tristesse ? Ou encore d'une conception pessimiste du temps présent, d'un regard trop noir, obscurci, porté sur le monde, autour, tout autour de nous ? Ce pourrait être cela : des ruines et des souffrances vues par les tourments d'un esprit fatigué et pessimiste. Et si ce n'était que cela, ce ne serait guère important. Mais ce n'est pas cela.

Ce n'est malheureusement pas *que* cela.

Le réveil est brutal. Nous étions en marche vers le pays où l'on n'arrive jamais, nous nous apprêtions, *nous*, les nouveaux premiers hommes, à en franchir les frontières invisibles, à abattre définitivement les frontières de tous les pays où l'on n'arrive jamais, nous réalisions enfin ce monde de la fin de toutes les souffrances, ce monde de la paix et des paix, des hommes unis, réunis, unifiés, humanisés. Nous entrions ou nous revenions, cela dépendait des points de vue, dans le Paradis. Et ce Paradis, nous l'avions créé ; nous allions le créer.

Nous étions sur le point de le créer.

Nous l'avions, nous allions, nous étions sur le point de...

C'était une seule et même chose, ce n'était qu'une question de minutes, de secondes peut-être, et, hop !, en un bel élan digne des subterfuges des plus brillants magiciens, hop !, hop !, et encore hop !, il était là, avec nous, en nous, autour de nous, le Paradis était là, nous le réalisions, *nous*, les hommes.

Mais ce n'était rien de plus qu'un subterfuge.

Et nous nous réveillons, errant entre les murs abîmés d'un Paradis en ruine, égarés dans les souffrances de carnages auxquels nous ne comprenons rien.

Mais enfin ! Enfin !, hurlons-nous ou pensons-nous hurler. À vrai dire, nous avons perdu jusqu'à cette possibilité-là, celle du hurlement.

Comment est-il possible que *notre* Paradis ne soit pas le Paradis ?

En oubliant que « ce monde est le Royaume », *nous avons oublié le monde*.

Nous en sommes là.

À ce point et à ce moment précis.

Là.

Nous sommes les hommes errant dans les ruines du Paradis de nos pères.

Un carnage.

Nous pensions être les hommes de la mise en scène du Paradis, nous sommes les générations de la fin de la Terre, de la mort de la vie, celles qui assisteront, qui assistent déjà, qui voient sans le voir vraiment, sans vouloir le voir vraiment, nous sommes ces générations de la fin de la vie.

Nous sommes le requiem.

J'étends la main devant mes yeux et, de loin en loin, ce ne sont que scènes de tueries collectives, de viols, de destruction des hommes et des femmes, comme de la nature. De loin en loin, ce ne sont qu'enfants armés, tueurs, tués, massacrés, de loin en loin, ce ne sont que peuples asservis à des réalités impalpables, de loin en loin, ce ne sont qu'hommes et femmes mécanisés, achetés et vendus par la machine pour la machine.

À l'heure précise, au moment précis, en cet instant exact où j'écris ces mots, nous ne sommes parvenus qu'à cela, à ce monde en ruine. Peut-être faut-il continuer à considérer que cet état de fait, cet état du monde, cela que je viens de décrire, que ces ruines ne sont qu'une étape, une station encore le long du chemin vers le Progrès ?

Non.

Quiconque se frotte les yeux comprend que nous ne sommes pas parvenus à une étape sur le chemin mais bel et bien devant le précipice, celui au-delà duquel il n'est plus rien.

Nous ne sommes pas les premiers nouveaux hommes du Paradis, nous sommes les premiers hommes à nous tenir, peut-être debout encore, devant le précipice au-delà duquel il n'est plus de vie. Nous ne sommes plus les hommes qui jouent un requiem à la face de l'univers, nous sommes les premiers hommes en-dedans du requiem. Et ce requiem au-dedans duquel nous vivons, il n'est pas certain que nous puissions l'entendre.

Nous avons été aveuglés par la lumière du grand bond paradisiaque en avant. Et cette lumière aveuglante est là, encore. Nous regardons autour de nous, *nous voyons la vie mourir*, peut-être pour la première fois de l'histoire de l'univers. Peut-être pas. Qu'en savons-nous finalement ? Nous contemplons ce Paradis en ruine, satisfaits de nous, heureux d'être arrivés à ce stade de l'humain, heureux de construire un monde qui avance, va de l'avant, bouge, bouge encore. Comme un cadavre, comme tout cadavre, grâce aux vers qui le bouffent. Mais c'est la vie, n'est-ce pas, c'est encore la vie, n'est-ce pas, ces vers ! Nous en sommes arrivés là, heureux, contents, satisfaits d'en être arrivés là, à une vie de vers se nourrissant sur le cadavre de la vie pourrissante.

C'est là toute notre gloire : nous sommes les premiers nouveaux hommes du grand bond en avant dans la vie pourrissante.

Nous contemplons le cadavre. Il bouge encore. Nous sommes au cœur de ce cadavre, il nous appartient, nous le pensons, nous le croyons, nous le savons, nous sommes des hommes tout de même, ce n'est pas rien, nous sommes des hommes, nous sommes les hommes et la Terre est à nous.

Foutaises.

Que s'est-il passé ?

Comment avons-nous pu accorder tant de crédit à l'illusionniste ?

À la présence réelle du diable.

Nous nous sommes trompés. Nos pères se sont trompés. Et ils nous ont trompés.

Le Paradis construit par les hommes n'existe pas. Nous sortons des ruines, nous nous extrayons des ruines fumantes du Paradis sur Terre. Et, lorsque nous regardons autour de nous, puis en nous, nous voyons combien nos pères se sont trompés, combien nous nous sommes trompés. Aveugles, nous avons marché ensemble, tous ensemble, au son du requiem, au creux de la Chute.

Nous sommes les produits d'une fantasmagorie. *Nous sommes le fantasme devenu réalité.* Des images devenues le réel, des images qui tuent le réel.

Nous allions donner la mort à la mort.

Nous sommes devenus le virtuel. L'outil de nos propres créations.

Des machines.

Et nous tuons la vie en affirmant, la main sur le cœur, la voix assurée, les yeux brillants d'enthousiasme :

« Nous sommes les premiers hommes heureux ! »

Et nous fermons les yeux de nouveau, la nuit tombe doucement sur les ruines et le désastre que nous ne voyons plus, que nous ne voyons pas, que nous refusons de regarder, nous fermons les yeux *doucement,* un sourire aux lèvres, presque hébétés, tentés par une moue de contentement, nous sommes les hommes heureux au milieu des ruines, les premiers hommes heureux, prêts à nous élancer avec joie, en chantant, dans le précipice de la fin de la vie.

Que s'est-il passé ?

Qu'avons-nous oublié en l'homme pour négliger le monde à ce point ?

Qu'avons-nous oublié en l'homme pour construire le requiem de la vie ?

Qu'avons-nous *oublié* ?

Nous avons oublié le monde, nous avons oublié l'homme, nous avons oublié Dieu, nous avons oublié le sacré, nous avons oublié la femme, nous avons oublié la vie, nous avons nié le monde, nous avons nié l'homme, nous avons nié Dieu, nous avons nié la femme, nous avons nié le sacré, nous avons nié la vie.

Nous avons oublié et nié notre âme. Dans le même temps, nous avons cru en la constitution du bonheur universel.

Et nous avons crié de fausse joie : « Nous sommes heureux ! »

Nous avons cru être les premiers hommes libres. Et cette croyance, ce n'était qu'un mot vide dans la bouche d'hommes creux.

Mais ensuite, oui, ensuite, que s'est-il passé *ensuite* ?

Quand nous nous réveillons, entourés de nos pères abasourdis, entourés de nos pères aux visages de lendemains qui déchantent, quand nous nous réveillons et que nous regardons le réel, nous voyons l'illusionniste.

Nous entrapercevons la fausse tendresse du sourire du diable.

En oubliant la présence réelle de Dieu, nous avons cru évacuer la présence réelle du Malin. Or, nos ruines fument des feux de l'enfer.

Nous pensions inventer le Paradis, nous nous réveillons en enfer. Et que l'on ne vienne pas nous dire que la route est parsemée d'embûches, que nous sommes sur le chemin, il n'y a plus de chemin, il n'est plus que le précipice au bord duquel nous nous tenons en équilibre.

Le précipice de la fin de la vie.

Nous ouvrons les yeux et nous sommes suffoqués.

Quel est donc *ce* monde ?

Nous vivons en *ce* monde qui annonce jour après jour la victoire, en cours, là, déjà là, presque là, devant nous, à portée de nous, inéluctable, oui, la victoire inéluctable des hommes en route, des hommes en route vers et dans la liberté, nous vivons en ce monde, nous vivons en ce monde qui, jour après jour, annonce une victoire qui n'aura jamais lieu. Nous sommes les hommes errants, égarés, perdus sur l'écran de l'image projetée par les machines de nos pères, nous sommes les hommes imaginés dans un monde imaginé. Nous sommes les images des hommes dans un monde en ruine. Et les bobines tournent encore, filmant et projetant sur les écrans de nos vies *en ruine* l'illusion du meilleur des mondes.

Nous sommes le faux érigé en vrai. Le désastre était annoncé par Bernanos, rappelé par Guy Debord, mais nous n'aimons guère les yeux ouverts. Nous sommes les hommes aveuglés, debout devant le précipice, persuadés que le grand saut de la fin de la vie n'aura pas lieu, infatués de contentement, nous sommes ces hommes-là, persuadés de vivre dans le meilleur des mondes possibles, certains d'être parvenus, sinon à une fin de l'histoire, au moins à un nouveau recommencement, nous sommes ces hommes « libres ».

Nous sommes les premiers hommes devant le précipice. Nous nous apprêtons à sortir de la fiction de notre fiction.

Nous sommes les premiers hommes du monde de la fin du monde.

Nous nous éveillons, nous ouvrons les yeux et nous regardons le paysage des ruines. Le choc est rude. Nous ne nous en étions pas aperçus, aveuglés que nous étions par nos fantasmes, les illusions et les tours de passe-passe de nos pères, nous ne nous sommes rendu compte de *rien* et, tandis que nous jouissions du bonheur d'être libres et de ne nous rendre compte de rien, un autre monde se mettait en place : le monde des ruines.

Nous sommes les hommes de l'absence du Paradis prétendument construit dans la joie.

Qu'avons-nous oublié ?

Nous sommes ceux qui s'éveillent au vrai en plein cœur du champ de bataille du faux. Face à face avec le précipice.

Le réveil est douloureux.

Pourtant, nous ne nous laisserons pas abuser par l'apparent cynisme ou pessimisme de ce constat. Ce monde en ruine est maintenant, *ici et maintenant, immédiatement,* le monde de l'Espérance.

Le monde du retour de l'Espérance.

Il faut être profondément entré dans la Nuit pour voir renaître l'Espérance. Il faut vivre dans la Nuit et regarder ce qu'est cette Nuit pour assister au lever du jour.

Nous sommes parvenus à cette époque du retour du Christ en chacun de nous et nous sortons de nouveau, violemment, ouvertement, sans crainte des jugements, autres que celui du Père, nous sortons, enfin, de nouveau, des catacombes.

Nous sortons des catacombes.

Nous constatons la Nuit.

Nous entrons dans l'Espérance.

Faites place à l'Évangile.

Matthieu BAUMIER

AMOUR ET ÉCLECTISME

Pourquoi la véritable « Église de Dieu » ne serait-elle pas « catholique » (au sens précis du mot : à savoir « universelle ») parce que faite non seulement de toutes les vertus positives et universalisables des religions monothéistes révélées, mais aussi de toutes les « représentations » divines présentes – en tant également que qualités positives et universalisables – dans toutes les autres religions ou spiritualités (polythéistes et animistes) qui les comportent ? C'est une hypothèse que rien (sauf les intolérances dogmatiques) ne semble interdire d'énoncer. *Auquel cas il ne s'agirait donc plus d'un syncrétisme mais d'un éclectisme* selon la méthode philosophique de Potamon d'Alexandrie.

Jean-Claude RENARD

PRIÈRE DE LA MUSE

« Moi, je suis la vraie vigne, et mon Père est le vigneron. Tout sarment qui est en moi, mais qui ne porte pas de fruit, mon Père l'enlève ; tout sarment qui donne du fruit, il le nettoie, pour qu'il en donne davantage » (Jn 15, 1-15).

La Mystique de l'Union Sacrée et Éternelle, bien plus qu'un petit pari en prose, est un essai qui fait sens et qui fait signe.

La Muse est une parole que je veux ici et maintenant dédier à la Vierge de la Vigne, la petite Princesse trouvée qui depuis longtemps déjà apprivoise le renard perdu que je suis. Bien plus encore, cette parole est une prière que je veux offrir à tous les hommes de la Terre qui désirent aussi bien avec leur tête, leur cœur et leur corps créer des liens indissolubles avec chaque chose comme avec le Tout.

La Muse est un bref essai spirituel sur le Mariage, une profession de foi qu'avant toute chose je tiens à adresser à celle qui peut-être un jour sera ma future femme, *s'il en est, si Elle est et si Je suis* – condition *sine qua non* de la vie réelle pour tous ceux qui sont prêts à en payer le prix.

« Il est bon d'aimer, écrivait Rainer Maria Rilke, car l'amour est difficile. L'amour d'un être humain pour un autre, c'est peut-être l'épreuve la plus difficile pour chacun de nous, c'est le plus haut témoignage de nous-même ; l'œuvre suprême dont toutes les autres ne sont que des préparations. [...] L'amour ce n'est pas dès l'abord se donner, s'unir à un autre. L'amour, c'est l'occasion unique de mûrir, de prendre forme, de devenir soi-même un monde pour l'amour de l'être aimé. C'est une haute exigence, une ambition sans limites, qui fait de celui qui aime un élu qu'appelle le large. »

Et bien qu'il soit difficile de réellement dire la vérité avec des mots menteurs par notre propre faute, je m'en remets quand même au Verbe c'est-à-dire au Vigneron, Notre Père Éternel Commun, le Grand Architecte de l'Univers, sans lui demander que deux et deux ne fassent pas quatre, mais enfin qu'Il allume en moi la flamme qui fera brûler mes faiblesses, le signal sacré de la Guerre Sainte qui seule peut-être m'aidera à foudroyer les fantômes affabulateurs qui me parent tour à tour de masques. Puisse-t-il entendre avant tout ces paroles de Luc Dietrich, et puissions-nous l'entendre avec humilité qui s'impose dans la prière, au nom de tous nos Frères d'armes :

« Dieu, toi qui es, toi qui me ronges,

Toi qui me brûles et me glaces tour à tour, manifeste-toi en moi,

Brille par éclat en cette terre pourrie, manifeste-toi par le sentiment que je connais ;

Dieu, fais que je me haïsse assez fort pour gagner le pouvoir de me défaire

Et puis de me reconstruire. »

Et parce que j'ai déclaré cette guerre, peut-être puis-je maintenant laisser s'exprimer ma parole avec et le mot et le son et le rythme dans la glorification du Verbe, c'est-à-dire sans me plier mais en priant avec confusion, croire en ses pouvoirs sans demander mais dans l'action, afin de réaliser dans l'athanor et grâce à la charge d'énergie volontairement digérée l'alchimie de l'être. La Muse est une prière et un yoga, une technique et un travail, un rappel de soi et un acte d'éveil, c'est-à-dire une Union consciente qui comme chaque chose ne peut être que triple. Pour être comprise, elle doit nécessairement être éprouvée, notamment avec le souffle c'est-à-dire avec la vie. Pour être efficace, elle ne doit pas être proférée par des perroquets mais par des hommes qui savent comment sceller tous leurs cerveaux. Car « prier », « dire objectivement », ce n'est pas demander, c'est faire ; autrement dit ce n'est pas invoquer l'idole dans l'espoir d'un futur incertain mais convoquer la Présence dans l'immédiateté de l'instant.

La Muse est l'union d'un homme et d'une femme qui ne peuvent s'aimer que d'un amour conscient : qui s'aiment d'abord avec le corps en mystiques libertins avec un menu pour chaque nuit, dans une myriade de plaisirs partagés et dans l'échange jouissant des transpirations ; qui s'aiment avec la tête dans la résonance des oui comme des non, dans une longue discussion qui jamais ne se jouera sur un coup de dés ; qui s'aiment avec le cœur dans la passion purifiée d'un combat qui s'écrit toujours en prose, avec une joie pour chaque jour ; qui s'aiment enfin avec l'être dans l'intimité vivante de la vérité, dans la conversion consciente d'un voyage sans retour.

Appel au mariage total, la Muse nous invite à trouver la lumière dans la dissolution des ego et le sacrement d'une nuit que nous aurons réussi à trouer. La Muse est aussi l'union avec soi-même, avec ce que je suis vraiment car la partie fausse de nous-mêmes est incapable d'aimer ; l'horizon est menteur, il n'y a que la verticalité de profondément authentique et sincère. Enfin, la Muse est l'Union avec le Tout, avec cet Absolu insaisissable qui nous traverse et qui en permanence se pose sur nos têtes ; avec ce Grand Conciliateur qui ne peut encore se convoquer qu'en conscience, le seul qui peut unir le couple dans le silence.

Il est cette Force qui descend d'En haut pour faire croître nos corps immortels, ceux-là mêmes qui, à leur tour, doivent embrasser le temps sans tomber dans l'écueil écœurant d'une conscience sclérosée et dans l'asservissement sournois des couples aveugles, dans la routine mécanique du robot et dans la molle lenteur de la limace, sans tomber surtout dans la fin des brèves folies à cause d'une longue sottise. Il nous faut pour cela fuir la bêtise et la faiblesse, la servitude et la maladie, la haine et l'égoïsme, et travailler, pour provoquer la liberté, la force et le même Amour en réponse ; il nous faut travailler à trouver la Foi, à Espérer et à Aimer la conscience, ici, maintenant et entier, sans jamais remettre ce travail à demain. Et si aujourd'hui nous payons de nous-mêmes, je t'invite à le vérifier sans le croire, demain Dieu nous le rendra.

Alors je le dis, offrant le « tu » comme le « nous » à tous les hommes qui sont prêts à mourir pour renaître. Parce qu'il n'y a que le Temple du dedans qui soit à construire pierre à pierre, sans référer au passé qui n'existe plus et au futur qui n'existe pas encore, afin de ne point tragiquement escamoter le présent.

Yoga de l'amour véritable, la Muse est un poème qui s'adresse à ceux qui souhaitent consciemment et ensemble traverser l'infini, octave après octave, dans la solennité d'une alliance consentie par leurs âmes qui restent encore à bâtir dans la conjugaison des efforts et des souffrances sacrifiées. Bien évidemment, il nous faut pour cela accepter l'anneau invisible de cette nouvelle vie et de cet occulte contrat, afin de foudroyer les dualismes encombrants et les jugements ennemis, en menant une guerre sainte contre les monstrueuses habitudes et les attitudes hébétées, pour apprendre à pardonner même le plus impardonnable en cherchant sans relâche la perfection de ce potentiel qui nous a été donné en cadeau, pour que cette union ne soit pas un tombeau mais une croix, pas une chaîne mais un choix, pour qu'ensemble dans la jubilation des mondes à parcourir comme dans l'Unité primordiale de nos êtres enfin libres nous puissions nous consommer sur la terre comme au ciel, marcher d'un pas confiant vers le Poème en époux qui s'épaulent, et enfin cheminer vers le Miracle en amoureux qui ne mourront jamais.

« Dieu Saint, Dieu Fort, Dieu Immortel, Ayez pitié de moi

Donnez-moi le pouvoir de toujours et partout me rappeler à moi-même

Avec la Foi, l'Amour et l'Espérance de la Conscience

Afin qu'ici maintenant et entier je trouve la paix du cœur de la tête et du corps

La Liberté et le visage originel de celui que je suis vraiment

Pour le faire sourire et faire grandir la graine un jour déposée
Fruit des trois Forces Saintes qui seules font sens
Au nom du Père, du Fils et du Saint-Esprit – Amen. »

Pierre BONNASSE

XII

FACE À LA BEAUTÉ

Devant le spectacle de la beauté, de la bouche de l'homme la prière coule souvent de source. Les textes qui suivent le prouvent. Beauté faite de main d'homme, parfois. Beauté de la nature qui nous est donnée. Tout devient chants au Créateur.

NOTRE-DAME DE PARIS

Devant cette rosace de Notre-Dame de Paris, je Te demande, Seigneur, de m'accorder encore un peu de temps pour vivre. La Rose de l'Occident dit le temps cyclique du travail des Hommes, ce Temps qui se répète de saison en saison, et qui trouve son sens dans l'incarnation de Ton Verbe, ô Jésus assis sur les genoux de sa mère, en plein cœur de la rosace !

Autour de Toi, Sainte Vierge, douze médaillons représentent les douze mois de l'année, ou les douze signes du zodiaque, ou la somme des côtés du Triangle sacré ? Je devine que douze est un nombre céleste. Et je prie les douze patriarches du Livre, les douze grands prêtres, les douze princes d'Israël, les douze pierres de l'autel de l'Arche d'Alliance, les douze apôtres de m'enseigner les douze vertus et de chasser de moi les douze vices qui se répondent !

D'UN TOURISTE
sur une feuille volante
retrouvée à Notre-Dame de Paris

MÉDITATION DEVANT UN CHAMP DE MAÏS, À BRICQUEBEC

Au père Amédée (*in memoriam*)

Ici le silence n'est jamais tombé dans l'oreille d'un sourd. Le silence est grain de maïs qui enfante sa plénitude, trappiste soumettant sa vie à la question du ciel, quand il passe, même le gravier baisse le ton. Les chants des oiseaux prennent des mesures de complies. Toute fièvre s'apaise et je tourne mon âme vers Dieu voit où.

Je ne sais plus rien dire. Mais le silence demeure langage des cœurs, prière du mécréant qui perd l'une après l'autre ses bonnes raisons de ne pas entendre ; et, sans un traître mot, chaque heure se moque du vieux bavard que j'étais. Le portail s'ouvre sur des larmes qui sauvent. Le silence, de vague en vague, ramène le noyé sur la plage de Ton amour, au grand air. Le silence devient respiration naturelle, bouche-à-bouche du temps. Il perd alors ses oreilles. Il a les yeux fermés d'un visage qui tait sa douleur. Le silence n'a plus d'énigme à garder, plus de secrets pour personne : tout silence devient baume.

Tu déplies tes deux poings pour en faire des mains jointes, déjà monte ton appel. D'instinct tu murmures : « Pourquoi ? » et voilà que l'inquiétude t'envahit.

Et la pause se prolonge, tu suis ce chemin qui coupe de part en part un champ de maïs et, sous le soleil, ton interrogation reste suspendue. Tu as beau te persuader que ta destinée doit se forger à l'exemple de cette percée rectiligne dans le champ de maïs, que seul importe le but à ne jamais perdre de vue, que le reste n'est que détours et embûches de chaque jour égrené, tu as peur. D'abord tu as mal aux pieds, mal à l'âme ; et puis le soleil tape trop fort sur ton crâne et l'horizon te semble à portée de baisers mais il recule plus tu avances dans sa direction.

Derrière toi, tu sèmes ta confiance. Tu inventes des faux prétextes pour interrompre ta marche qui n'a plus alors d'intention droite. Le premier caillou pointu te fera trébucher, tu n'es plus vigilant, tu n'aimes plus. Même le bleu au-dessus de ta tête, tu ne le vois plus.

Malheureux, tu voudrais courir te pelotonner à l'ombre d'un arbre et tout nouer en toi, ta mémoire, ta soif, ta solitude. À quoi bon te cacher ? Tout glisse de tes yeux. Les visages de ceux et celles que tu aimes, avec lesquels tu partages si mal, auxquels tu prends parfois tant de sève ; l'eau, que tu ingurgites comme un porc au lieu de la boire à lentes gorgées pour y trouver la joie ; l'orgueil, ton orgueil d'être bien mieux seul, de ne dépendre de personne, de n'attendre nul chant d'un autre regard fraternel. Tout s'en va de toi. Tu crois connaître ton plein de découragement quand, de ton dépouillement, naît une brise délivrée.

Les épis de maïs changent de cap. Tu avoues ta misère. Tu ne cherches plus à cacher ton visage, tu tends les bras en aveugle, tu n'as plus rien à offrir que le fait même de ta cécité, ta nudité, tes manques sur tant de lignes. Tu te soumets, tu rends les armes afin qu'elles te soient rendues transfigurées, tu mesures ta faiblesse, en toi s'épanouit un retour de flamme que tu n'espérais plus, mais oui, *tu pries, tu commences enfin à prier vrai.*

C'est ainsi : tu reviens toujours en catastrophe, avec un visage qui n'est plus possible tant il accuse de démissions, de lâcheté, de fatigue née de dispersion.

Lorsque tu atteins la porterie, le cœur serré, sans même annoncer ta visite aux lierres, connais-tu la raison profonde de ton retour ? Tu confonds l'effet et la cause. Tu dis : « J'en avais assez de l'agitation des villes, à toujours courir. J'en avais perdu l'art de marcher, à régler tant de factures, à signer tant de chèques. J'avais oublié le prix du soleil, de l'eau, du silence, de tout ce qui – jamais – n'est dévalué... » Ça, c'est l'effet. D'avance, tu sais que tu repartiras riche de retrouvailles. On n'a vraiment pas besoin de te faire un dessin, un poème. Il suffit de te laisser reprendre sous le charme. La crainte ne trouve guère de portée où pendre ses croches noires entre laudes et complies.

La cause ? Elle n'a pas changé. Souviens-toi d'un scribe qui bafoue si vite ton amitié. C'est encore le même qui te cherche, un peu plus flétri, un peu plus aride, un peu plus détourné de toi, mais le même. Il traîne dans sa prose toute une année de sécheresse. C'est ainsi, il ne s'éveille jamais tout à fait dans ta lumière, il ne s'endort jamais vraiment, une fois de plus, il faudra le guérir, c'est comme tu voudras, il est devant toi, n'a jamais cessé d'être là, le sait-il ? Il envie des silhouettes blanches qui prennent ferveur devant l'autel d'une jeunesse sans âge.

Ce soir de juillet, il devait être huit heures vingt, huit heures trente (il sonne toujours cette heure-là quand le *Salve* des moines garde la nuit à Bricquebec). Tu as regagné ta chambre dans un rêve ; tu as juré d'être fidèle. Et pourtant, par la fenêtre, il y avait un diable de vent sur le champ de maïs.

Jean-Luc MAXENCE

XIII

À LA VIERGE MARIE

L'essentiel de la foi catholique concernant la mère de Jésus a été formulé par l'Église dès les premiers siècles (concile d'Éphèse en 431). Depuis, le culte à Marie n'a jamais cessé. Marie est plénitude de grâce.

MARIE JE PORTE TON NOM

Marie, ton nom est celui que je porte,
Comme beaucoup de femmes et de filles de France.

En toi, toutes les femmes du monde
Se reconnaissent :
Les femmes simples,
Parce que tu es la simple femme d'un artisan ;
Les femmes en détresse,
Parce que tu sais ce que c'est que le déchirement ;
Les femmes heureuses,
Parce que tu es comblée par ton oui
Et que seule l'acceptation de sa propre vocation
Donne la joie ;
Les femmes mères,
Parce que tu as mis au monde
Celui que nous reconnaissons
Comme ton fils et le Fils de Dieu ;
Les femmes stériles,
Parce que cet enfant n'est pas le tien
Et que celui que tu as enfanté
Est plus grand qu'un être humain ;
Les femmes épouses,
Parce que avec Joseph

Tu as formé le couple parfait
Qui de son amour à deux
A multiplié l'amour ;
Les femmes déracinées,
Parce que tu as dû, toi aussi avec ta famille,
Immigrer vers un autre pays ;
Les femmes illustres
Comme les femmes inconnues,
Celles qui font de l'ordinaire du quotidien
Une célébration de la vie !

Caline FOREST

DU TOUT POUR TOUS

Ô Marie du Tout pour tous
Vierge du partage
Mère de Tout amour

Que les richesses prodiguées
Par le Créateur
Au plus profond des entrailles de la Terre
Ne soient pas au service d'une minorité
Mais pour tous les hommes

Et que le blé
Le riz, le sorgho
Nourrissent
Toute l'Humanité

Pour chaque oiseau
Un nid
À chaque homme
Un toit

Afin que règne
La loi d'Amour
De ton fils

Amen !

Maurice Bourg

SUR L'ASSOMPTION

C'est donc ta fête, aujourd'hui même, Mère du Christ-Seigneur. En 1950, c'est le pape Pie XII qui a défini ton dogme de l'Assomption... J'avais alors quatre ans ! Tu as été élevée en corps et en âme à la gloire du ciel. En somme, à l'image de ton fils, le jour de l'Ascension.

Je ne veux retenir que le *Magnificat* de tout cela. Quand tu dis à Élisabeth :

« Mon âme exalte le Seigneur
Mon esprit exulte en Dieu mon Sauveur... »

SUR UN CAHIER DE PAROISSE

XIV

POUR LES ÉMIGRÉS DE NOTRE PLANÈTE

AUX MIGRANTS

Toi qui es né émigré, ou c'est tout comme, Jésus Dieu, Notre Maître, daigne prendre pitié de tous ceux et celles qui ne savent plus sur quel pied se poser entre leur terre d'origine et leur terre d'accueil, sur quel cœur danser, à quel visage se fier...

Migrants, nous le sommes tous plus ou moins, et nous suivons en aveugle, tant bien que mal, la ligne de notre destin. De toute façon, nous sommes toujours l'étranger de quelqu'un d'autre ! D'évidence, il nous faudra toute la vie pour le comprendre et l'accepter. De toute façon, nulle part la vie n'est rose, si ça n'est dans Ton royaume, un jour ou l'autre ! Et nous sommes souvent de mauvais élèves de Lumière, cherchant la régénération dans des paysages nouveaux ou des bulletins de paye en augmentation, oubliant alors Ton autel qui, seul, peut faire de nous des migrants enfin arrivés à bon port.

JOURNAL DE BORD D'UN VOYAGEUR
gare de Lyon

XV

DANS L'ESPRIT DE SAINT JOSEMARÍA ESCRIVÁ

DONNE-NOUS LES GRÂCES NÉCESSAIRES

Maintenant que tu as pris possession de mon âme, en ton nom, je demande au Père – à ton Père et à notre Père – d'exaucer toutes les demandes que le pape et mon évêque lui présentent aujourd'hui dans leur prière et, notamment, à l'autel.

Donne-nous les grâces nécessaires pour mieux travailler pour ta gloire qu'hier, pour mieux servir ton Église sainte qu'hier, pour être un meilleur instrument entre tes mains qu'hier.

Seigneur, je crois. Mais je veux croire comme celui qui croit le plus. Augmente en nous la foi. Je crois que dans l'Hostie Sainte que je viens de recevoir, tu es présent, réellement, véritablement et substantiellement. Toi Jésus, le Fils de Marie toujours Vierge, le Fils éternel du Père.

Je crois que tu es réellement présent en moi avec ton Corps, ton Sang, ton Âme et ta divinité. « Ce sacrement est admirable ! Vénérons-le humblement. [...] Au Père, au Fils, notre louange, l'allégresse de nos chants : salut, et puissance, et honneur et toute bénédiction ! À l'Esprit du Père et du Fils, égale acclamation de gloire ! » (hymne *Pange lingua*).

Et je t'adore avec profonde révérence, prosterné la face contre terre, car je ne suis rien et toi, tu es toute la Majesté, la Puissance, la Beauté. Je t'adore, et j'ose te dire que je veux être ton ami, parce que tu m'as racheté. Mais tu dois m'aider à être un ami fidèle, car autrement, tu sais dans ta chair ce dont je suis capable...

Je veux être l'amour pour toi, car, toi, tu l'es pour moi, et sans réserve. Mon ange gardien, veille sur le sanctuaire de mon âme, l'épée de feu à la main, pour maintenir à distance l'ennemi infernal et les légions répugnantes de ses sbires. Obtiens-moi du Dieu Un et Trinité de saints élans d'amour, de fidélité, de joie et de paix envers et contre tout.

Et j'accepte de grand cœur toutes les épreuves que le Seigneur voudra m'envoyer – il y joindra sa grâce, je le sais – pour purifier mon âme, expier mes péchés, pour faire éclore les vocations, pour l'expansion de l'Église et du royaume de Dieu dans le monde, et pour la plus grande gloire de Dieu qui, seule, m'importe. Qu'il en soit ainsi.

Dominique LE TOURNEAU

AVANT TOUT
LA DOULEUR D'AMOUR...

Je te demande avant tout la douleur d'Amour
Qui transperce mon cœur comme un dard enflammé
Une douleur d'amour pour un réel retour
Vers toi, ô Maître, dont le monde est affamé.

Toi, le désiré des collines éternelles,
Tu surgis, sous la forme d'un feu dévastateur,
Et moi, qui ne suis qu'un pauvre cultivateur
Dans ta vigne, j'y vois ton travail paternel.
Y a-t-il travail plus riche de contenu,
Qui soit plus noble et à la fois épanouissant ?
Les grains soigneusement furent passés au tarare,
Fournissant un froment d'une suavité rare.

Et dans la messe que l'humble prêtre célèbre
Au nom du Christ, tremblant dans son indignité,
Le Père, le Paraclet ouvrent leurs saintes lèvres,
L'acte relevant de l'unique trinité.

Le Fils s'offre à son Père dans leur Esprit commun.
Les dons célestes s'en trouvent multipliés,
Qui nous rendent et plus divin et plus humain.

Ton sacrement est un si formidable allié !
Action la plus sacrée et la plus transcendante
À laquelle vraiment puisse participer
La créature humaine confuse et chancelante,
Arrhes d'un bonheur à venir anticipé.

Je t'observe tout comme je regarde mon père,
Je te regarde comme on contemple un ami
Qu'on aime à la folie et qui s'est compromis
À vous considérer désormais pour son frère.
Or, mon frère, tu l'es depuis bien deux mille ans.
Tu fais naître en moi un irrésistible élan
Vers Celui qui t'appelle mon Enfant Premier-né,
Le Père Éternel, à qui tu m'as entraîné.
Je scrute par-delà les simples apparences.
Je t'adore, car je t'aime, je te contemple,
Et pas uniquement quand tu viens dans tes temples,
Mais partout, car je veux y sentir ta présence.

Je t'aime tel celui qui découvre l'amour
Et qui pense sans cesse au semblable qu'il aime.
Je t'aime depuis ta naissance à Bethléem
À toutes les étapes de ta vie, tour à tour.
La Madeleine t'a arrosé de ses larmes,
Et toi, Seigneur, tu nous arroses de ton Sang.
Moi, pauvre pécheur, ton Amour m'est nourrissant,
Mais ce Pain, mais ce Sang, sont devenus mes armes.

Fais donc qu'en toi je me liquéfie tout entier
Puissé-je fondre comme de la cire au soleil
Parce que, Christ, tu es à nul autre pareil
Et que tu es, des biens célestes, l'Argentier.

Dominique LE TOURNEAU

XVI

SOIF DE DIEU

PSAUME 63

Par ce hublot gris de la nuit
Le ciel pour falaise
L'opaque traversé de visages
Tant d'effroi et de misère mille voix

Ainsi tout devient galère
À l'étrave du malheur
Quand ne vrombissent que mal et fureur

Sur l'océan de mon insomnie
Où les rêves altérés supplient
Coulant dans la détresse de l'âme à l'âme

Pourquoi les vents de l'épreuve
Secouent-ils tels des monstres
Focs et verges et misaines
À la proue de ces joutes immobiles
Dans l'interstice de mes paupières ?

La nuit vomira ses riens
Mots étouffés du mensonge
Si je ne peux bien dire ce qui m'assaille

De croire et désirer ma vie durant
En déchirant mon cœur dur

J'entendrai le bruit de l'aube
Peut-être sera close la nuit
Je pourrai laisser là mes oripeaux...
Existe-t-il une voix seulement
Capable de régner sur les eaux ?

Jean-Pierre Boulic

GRANDS BLOCS DE DOUTE...

Sur la Mozartplatz à Salzbourg,
Dans les rues piétonnes de Munich
Sous les dorures de Bellini à Venise,
Sur les ponts enflammés de Florence,
Sous les dalles de la basilique de Padoue,
Dans les yeux bleus du mur craquelé de Berlin-Est,
Dans les palais vénérés de Bangkok,
En haut des mâts des pur-sang de Lübeck,
Dans les profondeurs inféodées de la mer Rouge,
Sur ma moto, au cœur des forêts noires d'Afrique,
Sous la peau ambrée des Pygmées de Centrafrique,
Dans les bidonvilles ignorés de Bangui,
Sur le lit scabreux d'un bordel des Antilles,
Sur le pont d'un ferry entre Copenhague et Malmö,
Sur les plages désolées de la mer Baltique,
Entre les nuages ténébreux d'Écosse,
Dans les avenues étouffantes de Madrid,
Sur une route d'eucalyptus près de Lisbonne,
Chez Vincent Van Gogh à Amsterdam,
Derrière la voix équivoque d'un travesti de Phuket,
De la frontière des blindés de Croatie...
À un concerto modulé de Janacek,
Encore et toujours je recommence,

En déposant mon regard paralysé
Sur ta croix immense...
En bois de chêne énigmatique.

Philippe Rebel
poète et... policier

TU M'AS CHOISI, J'ÉCOUTE

Aux portes du silence, Seigneur,
Le métal du cri enferme et se disperse.
L'ombre de l'arbre mort poursuit.
Tout l'acier des éclairs éparpille un miroir,
Le tend aux coups de pied, de hanche et de regard
  dont les yeux se souviennent.
L'océan où l'albatros rame et balaie un brouillard,
  dépasse. La nuit gît.
L'horizon va fixer les étoiles, en leur glace.
On s'éclate, on s'évertue, calcule : on se lasse.

Passant de la foule au désert et du ventre à la
  tombe,
Je dis et tu m'entends quand j'appelle, Seigneur.
Tu m'as ouvert les yeux, rendu le mouvement.
J'ai laissé mes vertiges.
Homme à nouveau nommé, tu m'as vu ; je reçois
L'étoile dans la nuit, l'hiver à traverser.

Tu m'as choisi, j'écoute, où va poindre le jour,
Dehors, on assassine.
Mais tu ne réponds pas aux calomnies, aux coups
Sur ta Croix qu'on érige, qu'on nie, qu'on utilise.

Tu murmures le nom. Tu vaincs. Tu me reprends,
Mille autres, d'hier et d'aujourd'hui, sont vivants.
Deux ou trois, quelques-uns, entendent, voient, caressent
La source sans début ni fin, l'amoureux geste neuf.
Verbe, tu donnes au verbe, la flamme sans tombeau.
L'homme s'éprouve indigne et il s'ouvre au désir,
Il s'entend appeler, et il t'appelle : « Viens ! »

Bernard JAKOBIAK

L'IDIOT

Jour sans vent,
Écris,
Tu viens de perdre ta croix,
Sous le pourpre du trépas,
Pas après pas.

J'aimerais te prier.

Tu trébuches encore,
Moine ivre,
Les pieds mêlés dans tes flagelles,
Le crâne plein de je ne sais quoi.

Je te prie encore.

Les idéaux fatigués, fêlés,
Des capitaux péchés,
De fidèles mortels,
Mille fois condamnés,
Comme ça,
Pendus au chapelet de ta misère.

Je te prierai peut-être.

Ta croix tombe encore,
N'en finit pas,
Grince même, coincée en éternité,
Dans la geôle du vieux fou à la bure trop lourde !

Je te prie quand même.

Himmel Gott crie l'Autre embourbé !
Rassasié de vérité, enfin planté,
En rade,
Hier encore maltraité,
Ombre de soi-même insoupçonnée.

Vraiment, je t'ai prié.

Défroqué sans pouvoir,
Tu la traînes, raide,
Tantôt horizontale, tantôt verticale,
Où pendu,
Tu tournes en grands ronds et en petits ronds,
Sur l'île aux morts,
De ton étale passion.

Je te prie et,
Oui,

Tu viens de perdre ta croix,
Ce jour sans vent,
Écrit pourtant,
Et tu cries encore :
« Idiot ; Fais ta prière ! »

Pétries de vains espoirs,
Pour le livre des contemporains,
Tes pauvres mains pas même jointes,

Toujours, oui, je te prie,

À l'heure mondiale de la Ponce Pilate attitude,
Multitude cafardeuse au sourire imposé,
Sans pleurnicher le sempiternel au pluriel
D'un : « Pourquoi nous as-tu abandonnés ? »

Je te prie nanti, ce qu'il me reste : Dis-moi !
Que je vive encore, aïe !
Vaille que vaille,
Encore un peu avec toi !

Michel-Pierre ZURAWSKI

ET SI UN SEUL MIRACLE

À trop marcher sur l'eau
Ne va pas oublier, Seigneur,
La terre où l'homme piétine

À rendre le regard à l'aveugle
Garde une infime pensée
Pour qui en a trop vu

À vivre après la vie
Laisse à celle d'ici
Une parcelle de sens

Et si un seul miracle
Se doit d'être accompli

Change le jour en jour

Étienne Orsini

TOI QUI SOUFFLES LE CIEL

Toi qui souffles le ciel
(joues irisées)

Toi qui charmes les vagues
(archet d'horizon)

Toi qui guides la flamme
(babouche de fakir)

Toi qui changes les visages
(socle d'épaules)

Toi qui allumes l'ombre
(corps défendant)

Toi qui danses les cœurs
(blanc vertige)

Toi qui revêts la nuit
(étole sacrée)

Toi qui répètes l'homme
(refrain fidèle)

Toi qui inspires la page
(donjon hanté)

Toi qui insinues le chemin
(serpe de pas)

Toi qui roules les horloges
(Sisyphe heureux)

Toi qui écarquilles grand les murs
(pierres dessillées)

Toi qui railles les villes
(sarcasme étoilé)

Toi qui rougeoies les rideaux
(comédie humaine)

Toi qui remues les braises
(fruits écarlates)

Toi qui neiges le silence
(temps d'un flocon).

Étienne Orsini

L'ABSENCE

Tous les jours notre rencontre est nouvelle

Je demande, je crie, j'aime, je révèle
De mon cœur je Te donne le fond,
Car, parfois, y est passé un typhon...

Tu es là, Tu m'attends, Tu compatis
Tu m'accueilles, Tu m'écoutes.

Je dilue dans Ton amour mon désespoir
Tout doucement, Tu me reconstruis d'espoir

Je Te demande force et courage
Pour trouver dans le jour qui se lève
Un Sens à son absence...

Je Te demande de garder mon cœur ouvert
Pour rester disponible malgré les revers.

La mort m'apportera Ta Lumière
Alors, ne T'étonne pas de mon attitude
Vers Toi tout mon être se tend

Car dans mon cœur une certitude :
Là-bas, Il m'attend !

Merci pour cette espérance : je continue mon destin...

Comme tous les jours notre rencontre est nouvelle.

Martine FRANÇOIS-CORTINOVIS

JE VOUDRAIS VOUS ÉCRIRE ET VOUS DIRE TOUT BAS...

Je voudrais Vous écrire et Vous dire tout bas
Les maux les plus secrets de l'âme et de l'errance.
Je voudrais éprouver les ombres du miroir
Et reprendre ces temps de rose et de lumière.
Armé d'azur et d'or je tenterais alors
De relever pour vos ruines et vestiges,
Les châteaux de douleurs et les pierres éteintes.
Au fond de mes déserts je viendrais vous quérir
Telle une ombre obstinée atteindre vos silences
Puisqu'il me fut donné de croire en vos rivages
Ces frontières perdues où les peines s'estompent
Où meurent les regards des âmes qui se brisent.

Jean-Noël CORDIER

XVII

POUR UN JOUR DE MARIAGE

DONNE-LEUR D'ÊTRE HUMBLES...

Fais, Seigneur, que nos enfants soient assez forts pour admettre leurs faiblesses et pour s'affronter quand ils ont peur.

Qu'ils soient humbles et doux dans leurs victoires, courageux dans leurs défaites.

Qu'ils se connaissent, sachant aussi que la connaissance de soi est le début de toute connaissance.

Qu'ils apprennent à vivre, mais qu'ils n'oublient pas les larmes dans le monde. Qu'ils n'oublient pas de pleurer.

Fais, Seigneur, qu'ils soient maîtres d'eux-mêmes, tournés vers l'avenir sans oublier le passé. Qu'ils n'oublient pas que les désirs ne remplacent pas les actes.

Donne-leur d'être humbles. Qu'ils se souviennent que la vraie grandeur réside dans la simplicité, qu'un esprit ouvert est le fondement de toute sagesse et que la douceur est la base de toute force véritable.

Qu'ils grandissent dans un monde où la pensée est libre, un monde qui n'est pas fragmenté par le mur de rivalités étroites, un monde où les hommes sont guidés par Toi, dans leurs pensées et leurs actions, un monde dans lequel tous les enfants sont heureux.

ANONYMES
(un couple indien)

XVIII

POUR DEMANDER LA SAINTETÉ

LE JOUR SE LÈVE JE MARCHE

Le jour se lève
Je marche
Mon corps porte les traces séchées du continent européen
Ses peuples se dressent dans mes jambes
Les innombrables mains retournées à la terre
Courent sur mes épaules
Me soutiennent
Espèrent que je conduise les élans qu'elles me donnent vers la certitude
Je marche
Je parle l'ancien français
Je parle le latin
Ma langue sait le grec
Me voici traversé par la Loire
Me voici traversé par le Rhône
Par le Tigre et l'Euphrate et le Nil
Je marche
Ma mémoire se baigne dans l'eau du Jourdain
Je suis sur le qui-vive
Mon refus de ne pas marcher comme un prince sur le fil sécurisant du rasoir
Connaît le doute

Le doute rentre en moi
L'horreur économique me donne des palpitations
La corruption dévore la prunelle de mes yeux
Je sais que je peux tuer
Mon regard s'accroche à la voile triangulaire et blanche qui pénètre l'horizon
Je marche
À chaque seconde je pousse l'Icare à s'élancer dans le ciel de mon corps
Mes bras me sont poussés pour que j'embrasse l'extraordinaire vie
Je marche
Je crois en Dieu
Comment le nommer aujourd'hui ?
J'écrase le doute sous la marche de mon pas ferme
Je suis la route que le phare de mon front m'indique
Le sang ruisselle par les pores de ma peau
Le sang fait un cercle parfait à travers les prairies de mon corps
Mon sang est rouge comme le ciel
Le ciel est accroché à mes épaules et flotte en cape dans mon élan
Je marche
Je donne un regard de compassion aux cris des tricheurs qui tentent de cimenter mes oreilles
Aux chants mensongers j'accepte de serrer les mains
Je marche
Je marche dans le flux du monde
Je remplis mes muscles de l'énergie que m'injectent les plombeurs de vie
Je marche
J'emprunte les escaliers qui ont été abolis
Je respire la glorieuse musique des pyramides

Derrière mes pas la floraison des arbres morts jaillit
Je marche le regard fixe vers la plus vaste constellation de mon ciel azuré
Je marche dans la pureté de sa musique qui m'élève
Sans aucun doute voici la plus haute cime de mon espérance

Sainteté je marche vers toi.

Gwen GARNIER-DUGUY

AUJOURD'HUI, J'AI GRAVI LA MONTAGNE

Aujourd'hui, j'ai gravi la montagne
Au plus haut de mon ermitage parfait :
Du sommet, j'ai levé les yeux
Et vu le ciel sans nuages.
Il m'a rappelé l'espace absolu et sans limites
Et j'ai connu une liberté
Sans milieu ni fin,
Dénuée de toutes vues partielles.

Le regard droit devant, j'ai vu le soleil de ce monde,
Sa lumière sans voiles
M'a rappelé la méditation,
Et j'ai connu l'expérience non duelle
Du vide lumineux,
Libre de toute méditation conceptuelle.

J'ai tourné la tête vers le midi,
Et j'ai vu un entrelacs d'arc-en-ciel.
Son spectacle m'a rappelé que tous les phénomènes
Sont à la fois vides et apparents,
Et j'ai connu une expérience non duelle :

Clarté naturelle, totalement libre
Des concepts de néant et d'éternité.

De même qu'il n'est point d'obscurité
Au centre du soleil,
Pour l'ermite, l'univers et les êtres sont parfaits
Et il est satisfait,
De même qu'il n'est point de cailloux sur une île
  d'or.

Pour l'ermite, tous les sons sont prière
Et il est satisfait.
De même que le vol d'oiseau dans le ciel clair
Ne laisse nulle trace.
Pour l'ermite, les pensées sont la nature absolue,
Et il est satisfait.

UN ERMITE TIBÉTAIN

IL Y A TOI

Seigneur, il y a tout le reste
Et il y a TOI.

La course, l'agitation, les choix,
Tout ce qui fait vivre, ma foi
Il y a le beau : musique, peinture,
Il y a l'efficace : changement, travail
Il y a le majestueux : nature, découvertes
Il y a l'émotion : famille, amour...

Seigneur, il y a le temps
Et il y a TOI.

Le temps de rire quand tout va
Le temps de penser avant le projet
Le temps d'écrire pour ne rien dire
Le temps d'aimer sans savoir

Seigneur, il y a les autres
Et il y a TOI.

Les plus pauvres d'ici et d'ailleurs
Les plus petits que l'on aime tant

Les plus vieux que l'on voudrait retenir
Ceux que j'entends quand j'écoute
Ceux que j'attends dans le doute

Seigneur, il y a la liberté
Et il y a TOI.

Celle que Tu nous lègues
Dans ton amour pour l'Homme
Celle que Tu nous offres
Pour parcourir notre vie

Seigneur, il y a tout le reste
Et il y a TOI.

Je suis libre, j'ai fait le choix
D'accepter ce bonheur-là : faire la route avec TOI !

Martine FRANÇOIS-CORTINOVIS

POUR QUE LE TEMPS SOIT BÂTISSEUR D'AURÉOLES

Tu as laissé le temps
Nous bousculer

Tu as laissé le temps
Nous éprouver

Nous la voulions cette poussière
Et nous le voulions ce sang !

Tu as permis tout ça
Nous n'y retournerons pas

Nous engagerons nos forces pour le combat
Sur ce chemin qui mène à Toi
Nous engageons nos forces
Nos forces intérieures nos forces en présence
Pour que le temps
Soit bâtisseur d'auréoles

Florentin Benoît D'ENTREVAUX

XIX

SUR LA FIN DU MONDE

POUR TRANQUILLISER LES CASSANDRE DU PIRE...

Dieu, que d'étoiles tombent du ciel depuis que le grand Livre de l'Éternel est ouvert, que de puissances célestes sont ébranlées, que de parousies nous sont promises, puis remises toujours au lendemain, que de demains qui ne chantent plus et annoncent des époques de léthargie !

Seigneur tu sais que je refuse toute eschatologie de drugstore faisant de Nostradamus un héros. Prévoir la fin du monde à tout bout de chant, n'est-ce pas une manière de déserter ?

ANONYME

XX

PRIÈRES UNIVERSELLES

UN JOUR DE NOËL

Seigneur dont nul ne peut concevoir l'immensité d'être,
En cette nuit de Noël où l'Universel pardon émane d'un enfant,
Que monte vers Toi l'hosannah des âges passés et à fleurir !
Que les hommes ouvrent des yeux habités de prière
Afin que la Paix gagne un peu de Terre nouvelle sur la guerre !
Que le monde entier devienne Renaissance
Et purifie son âme, et réapprenne l'entente entre les peuples,
Au chevet d'un nouveau-né à peine sorti de sa mère...
Et que chantent nos litanies de grâce
Et nos lentes intentions à Toi Seul confiées...

Pour ceux de partout qui recherchent Ton visage
Sans trop savoir qui Tu es et d'où Tu nous regardes,
Pour tous ceux qui interrogent l'Étoile
Depuis des siècles d'inlassable marche...
Nous Te prions, Seigneur, dans l'unité d'une même vigilance.

Pour ce vieux navire toujours jeune de Ton Église,
Afin qu'il progresse dans la miséricorde,
En restant libre des vents contraires,
Comme aux premiers jours de l'Espérance,
Nous Te prions, Seigneur, chacun, et tous ensemble.

Pour les enfants de toute la planète,
Pour ceux qui rient d'avance des cadeaux de fête,
Et ceux qui ne pleurent même plus tant ils ont faim,
Envers et contre toutes nos démissions faciles,
Nous Te prions, Seigneur, pour et par l'amour.

Pour les isolés de Paris ou d'ailleurs,
Les sans-secours et sans-avenir à vue humaine,
Afin que célébrer Noël leur soit possible
Par-delà l'abattement issu de la misère
Dans l'éblouissement d'une même ferveur,
Nous Te prions, Seigneur, d'une communauté à l'autre.

Pour les opprimés de trop de pays écrasés d'injustice,
Pour ces combats perdus, et puis soudain gagnés au nom de l'Évangile
Par la renaissance merveilleuse d'un Dieu fait homme,
Nous Te prions, Seigneur, au nom de Ta lumineuse venue sur notre terre aveugle.

Jean-Luc MAXENCE

APPRENDS-NOUS À DEVENIR DES ÉVANGILES

Père, apprends-nous à devenir des évangiles vivants
Et non des lecteurs de Bibles mortes.

Augmente en nous l'exigence de justice entre les peuples,
Et souviens-toi de tous ceux qui veillent et s'épuisent
Sans compter
Pour la Paix du monde.

Et que notre Église
Si dérisoire quand elle est privée de ta clairvoyance,
Se fasse signe joyeux et créateur,
Parmi tant d'autres,
Faisant mémoire de ta présence.

Et lorsqu'il nous semblera perdre force et courage,
Fais en sorte que nous sachions nous souvenir de tes témoins,
Saints connus et inconnus, marcheurs d'Absolu,

Et que nous n'hésitions jamais à ouvrir nos psaumes
d'attente
Comme des fils habités de confiance, jusqu'au bout
du risque.

ANONYME

XXI

PRIÈRES EN GUISE DE CONCLUSION IMPOSSIBLE

NE RESTEZ PAS À PLEURER

Ne restez pas autour de ma tombe
Ne restez pas à pleurer
Ne restez pas autour de ma tombe
Ne restez pas, je m'en suis allé
Écoutez-moi,
N'ayez pas peur,
Et croyez-en moi :
Je suis ailleurs.

Cherchez-moi dans le souffle d'un bon millier de vents
Cherchez dans le brouillard qui monte des étangs
Je suis la douce pluie sur les arbres d'automne
Je suis l'oiseau qui crie, l'oiseau qui tourbillonne
Cherchez-moi dans l'étoile qui va percer l'azur
Cherchez dans le soleil sur les grains de blé mûrs
Je suis le scintillement du diamant sur la neige
Je suis un trait d'union, je suis un sortilège
Je suis dans le matin
Je suis dans le silence
Je suis sur vos chemins
Je suis dans l'espérance
Je suis dans votre cœur

Je suis dans votre histoire
Je suis dans vos bonheurs
Je suis dans vos mémoires

Jean HUMENRY

VIVANT

Dessous le toit du ciel
Teint blafard d'un matin
Dans le fond d'un jardin
L'avenir en sommeil

La mort est sous la pierre
Depuis déjà trois jours
Fin du compte à rebours
Le bonheur sort de la terre

Voici le premier jour
Le ciel se met en bleu
Les grands oiseaux de feu
Sont déjà de retour
La mort devient naissance
Te voilà, printemps
Nous aurons tous les temps
Pour la vie qui commence
C'est un nouveau soleil
Qui déchire la nuit
Les yeux tout éblouis
Nous sortons du tunnel
Dieu fait passerelle

Par une croix de bois
Il nous tire du froid
Vers une vie nouvelle
Vivant
Vivant
Sonnez les trompettes du vent !
Il est vivant
Vivant
Il a roulé la mort
Fait s'ouvrir l'océan

Jean HUMENRY

JE SUIS PETIT

Je suis petit devant toi
Je suis petit quand je me lève
Je suis petit quand je suis debout
Je suis petit quand je travaille
Je suis petit quand je marche
Je suis petit quand je parle
Car je suis sous le joug de la matière.

Je suis petit devant toi.
Mais je grandis quand je me couche
Je suis grand quand je suis allongé
Bien au-delà du monde connu
Bien au-delà des mondes inconnus
Il s'élève vers toi
Il s'élève vers ton ciel
Et ma vie s'écrit dans un livre de mystères
Et je peux parcourir les lignes de ce livre
Pendant mon sommeil.
Le sommeil est proche de la mort
Et la mort est proche de toi.
Je suis petit devant
Mon Dieu.

Jean HUMENRY

Table

La prière face à la vie 9

I – Qu'est-ce que la prière ? 11
II – Face à la mort 27
III – Face au quotidien.. 55
IV – Face à la maladie physique............................ 71
V – Face aux catastrophes et aux guerres 81
VI – Pour la patrie.. 89
VII – Louanges 103
VIII – Prières du soir et du matin 127
IX – Quand les mots manquent 133
X – De la tendresse.. 147
XI – Intelligence de la foi....................................... 157
XII – Face à la beauté.. 185
XIII – À la Vierge Marie 193
XIV – Pour les émigrés de notre planète 199
XV – Dans l'esprit de saint Josemaría Escrivá........... 203
XVI – Soif de Dieu 209
XVII – Pour un jour de mariage 227

XVIII – Pour demander la sainteté 231
XIX – Sur la fin du monde 241
XX – Prières universelles 245
XXI – Prières en guise de conclusion impossible 251

Cet ouvrage a été imprimé en France par

CPI
Bussière

à Saint-Amand-Montrond (Cher)
en octobre 2008
pour les Éditions Presses de la Renaissance
12, avenue d'Italie
75013 Paris

Composé par Nord Compo Multimédia
7, rue de Fives, 59650 Villeneuve-d'Ascq

N° d'édition : 260. — N° d'impression : 083223/1.
Dépôt légal : octobre 2008.